働く理由

新！

111の名言に学ぶシゴト論。

戸田智弘

Discover

『新！ 働く理由』はじめに

2007年に『働く理由』を出版した。あれから12年が経過して、今回、バージョンアップした改訂版を出すことになった。

12年間のなかで話題となったトピックス――過労死、ブラック企業、格差社会、人生100年時代、副業・兼業の解禁、人手不足と転職の増加、ホモ・デウス（神のヒト）へのアップグレード、GAFA（Google, Apple, Facebook, Amazon）の躍進など――を意識しながら、どの名言を入れ換えるかを吟味し、分析や深みが足りないところを書き直していった。

結果として『働く理由』で取り上げた99の名言のうちの41が残り、あらたに70の名言が加わって、名言の数は111になった。タイトルは、編集部の提案で『新！ 働く理由』に決まった。「！」が入ったのは、元の『働く理由』からお世話になっているデザイナー寄藤文平さんのアイディアだと聞いている。

〈名言＋解説〉というスタイルは元の本と同じである。大まかな章立ては踏襲しながらも、あらたに第1章「『ただ生きること』×『よく生きること』」、第7章「人生100年時代と自律的キャリア形成」、第11章「『本当の自分』はどこにいる？」を加えた。

＊

私たちは今、すべての人が「働くことを哲学しないといけない時代」に生きている。

まず、大前提として私たちは近代社会に生きている。近代以前の封建社会では、どういう地域のどういう階層のどういう家族のもとに生まれたのか、性別は男なのか女なのかによって、将来、どういう職業に就いて、どういう人と結婚して、地域の中でどういう役割を担うのかが、ほぼほぼ決まっていた。そこには、ほとんど選択の余地はなかった。

近代社会になると、生まれによってほとんどが決まってしまうような生き方は否定され、共同体ではなく個人が社会を構成する基本単位となった。近代に生きる私たちは自分の将来を自分で選び取り、その可能性に向かって生きる自由を手に入れたのだ。

しかし「自由である」とはよいことだけではない。「自分はどういう仕事に就くのがよいのか」「どのように生きていくのがよいのか」を考えて、自分の進路を選び取らなければならない。

仕事観や人生観に関する問いには正解がない。正解のない問いについて、言葉と推論を用いて考え、納得解を模索することが哲学することだ。これがうまくできないと、自由は重荷になり、不安に取り憑かれて立ち往生することになる。

以上が前近代から近代への移行によって、何がどう変化したかという話である。これとは別に、１９９０年以前とそれ以降で大きく変わった点がある（第14章参照）。

１９９０年以前の日本人には、自分が従うべき「安定的な人生の標準モデル」が存在していた。ところが、１９９０年以降、そういう人生モデルが崩れて多様化していった。この変化は、安定で平等なシステムから、不安定で格差を含んだシステムへの移行でもあった。

標準モデルの崩壊、人生モデルの多様化によって、自分の進路を選び取っていくことの難易度が、もう一段上がったように思う。

さらにここ数年の変化として人工知能（ＡＩ）の台頭が挙げられる。10年から20年以内に日本で働いている人の49％の仕事がＡＩやロボットで代替可能になるという研究結果（野村総研レポート

「日本におけるコンピュータ化と仕事の未来」）が発表されている。こういう予測は「可能性がある」とか「かもしれない」という言葉が羅列してあることから分かるように「当たるも八卦、当たらぬも八卦」の類いかもしれない。しかし、そうはいっても「近い将来、自分の仕事はＡＩに奪われてしまうのではないか」と不安になったり、「将来的にはＡＩに働いてもらって、人間はもう働かなくてもよくなる」なんていう文章を読んで複雑な気分に陥ったりするのは、ごくごく当たり前のことだ。これまでの人間観や仕事観、人生観が根底から揺さぶられるからだ。

われわれは今、江戸時代の人は考える必要のなかったこと、いやいや、明治・大正・昭和の時代を生きた人だって考える必要のなかったことまで考えないといけない時代に生きている。まったくもって厄介なことである。それでも、私たちはこの時代を生きていくしかない。自分のできる範囲で考えて前に進むしかない。こういう何だかたいへんな時代の中、「働くっていうことはどういうことだろうか」についてあれこれ考えて「現時点で私はこう思うのだが、あなたはどう思いますか」というのがこの本の趣旨である。本書において、書き切れなかったことや手が届かなかったことは次作の課題としたい。

はじめに

大学を卒業してから3年後、27歳で会社（非鉄金属メーカー）を辞めた。理由はひとこと、「仕事が面白くなかった」からだ。何年勤めてもその仕事が面白くなるとは思えなかったし、仕事を面白いものに変えていくだけの知恵も腕力もなかった。貴重な時間を無駄にしているというような焦りがあった。

会社を辞めて何をするという当てもなかった。一番ありふれた道は他のメーカーに転職することだったが、別の会社で技術者をする気はなかった。同僚や先輩たちを見ていて、自分は技術者には向いていないと思った。文科系ではなく理科系を選んだことも間違いだったのではないかと、そのときに思った。ここで私は完全に振り出しに戻ってしまった。

自分に向いている仕事、自分がやりがいを感じる仕事、自分にとって面白い仕事、寝食を忘れて取り組める仕事が何なのかがまったく分からなかった。また、そういう仕事を見つける方法も分からなかった。誰も教えてくれなかった。いろんな本を必死で読んだ。しかし、自分が求めているような答えやヒントが書いてあるような本は、なかった。

45歳で、キャリアカウンセラーの資格を取得した。そのとき、次の文章に出会った。

№001

仕事とは「自分の能力（最も得意なこと）」や「興味（最もやりたいこと）」「価値（本当に重要だと思っていること）」を表現するものである。そうでなければ、仕事は退屈で無意味なものになってしまう。

心理学者　ドナルド・E・スーパー
『キャリアカウンセラー養成講座　テキスト3』（日本マンパワー）

そうか！　そういうことだったんだ！　自分の能力を活かせていないとき、自分の興味とかけ離れた業務をしているとき、自分の価値観と異なる仕事をしているときに、人は仕事が面白くないという実感を持つんだ。自分のまわりに立ちこめていた霧が晴れたような気がした。長年の謎がひとつ解けたような気がした。

この文章に出会うまで、自分に向いている仕事、面白いと思える仕事を見つけるための法則なんて存在しないと思い込んでいた。人間は一人ひとり違っているのだから、すべてはケースバイケースだと思い込んでいた。実はそうではなかった。適職や天職を見つけるための法則らしきものはちゃんと存在していたのだ。

仕事は人生の一大事である。ましてや今後は、職業を選ぶのは人生で一度だけという人はまれで、一生の間に何度も職業を選択しなければならない人が増えてくる。

初めて就職する人であれ、あらためて自分の仕事を見つめ直そうとする人であれ、「人は何のために働くのか」「好きなことを仕事にすることは良いことか、悪いことか」「天職を見つけるにはどうしたらいいか」「幸福な人生って何だろうか」というようなことを、ひとりで考えていてもうまくいかない。ひとりで考えるのではなく、〝人生の先輩たち〟と心の中で対話しながら考えてみるといい。本書で紹介する名言を味わい、その意味にじっくりと思いをめぐらせるのだ。

人生は、あなただけに与えられた応用問題

人生は応用問題だ。「自分固有の応用問題を解く→実行する」の繰り返しだ。この問題は、一

人ひとりみんな違っている。なぜならば、与えられた条件がみんな違っているからである。そしてこの問題を解くのは、あなたしかいない。誰もあなたの代わりにその問題を解いてはくれない。自分で考えて自分で選ぶからこそ、あなたは自分の人生を生きたことになる。他人が考えて他人が選んだのなら、あなたは自分の人生を生きたことにはならない。

ただし、自分固有の応用問題をいきなり解こうとしても、まずうまくいかない。なぜか？　それは〝法則〟を理解していないからだ。

物理や数学の教科書を思い出してほしい。①法則を理解する、②例題で法則の使い方をマスターする、③応用問題を解く、という順序で勉強は進む。いきなり応用問題を解こうとしても無理で、それより前に法則を理解しなければならない。これと同じだ。

自分固有の応用問題を解く前に、まずは〝法則〟を理解すること。人間は一人ひとり違ってはいるが、実は共通する部分もたくさんある。だから、法則が役に立つ。このような考え方に基づき、本書では、自分の仕事と向き合うための法則を紹介し、私の経験などを交えながら解説を試みた。

人生においては、節目節目で否応なく降りかかってくる応用問題もあれば、それだけでなく、人生を自分で拓いていくために自ら応用問題をつくらなければならない場面もある。もちろんつくらなくても生きてはいけるが、自分自身で応用問題をつくることで、人生はがぜん面白くなる。そして、問題をつくるうえでも、先輩たちの名言は役に立つ。

会社を辞めたいと思っている人、仕事が面白くないと感じている人、そろそろ転職しようかと思っている人、自分に合った仕事が何か分からない人、やりたいことが分からなくて立ち止まっている人たちに、本書が少しでも役に立てば幸いである。

著者記す

Contents

3・「好きな仕事」×「合う仕事」

4・「やりたいこと」×「やりたくないこと」

5・20代はいろいろ試してみる

6・幸運を引き寄せる法則

9・「夢や方向性を持つこと」と「努力すること」

10・才能＝可能性×10年間の努力

14・私たちはどんな時代に生きているのか？

15・ポスト近代の仕事論

№002-006

1

「ただ生きること」×「よく生きること」

№002

大切にしなければならないのは、
ただ生きるということではなくて、
よく生きるということなのだ（中略）
その〈よく〉というのは、〈美しく〉とか、
〈正しく〉とかいうのと、同じだ

哲学者
ソクラテス

「クリトン」（『プラトン全集1』岩波書店）

「ただ生きる」と「よく生きる」

「よく生きる」とはどういうことなのか――そう聞かれても簡単には答えられない。日常的な言葉を手がかりにしながら「よく」について考えてみる。

「よく食べた」というときの「よく」は、「たくさん」という意味である。つまり、この「よく」は量を表す。では、「よく眠れた」というときの「よく」はどうだろうか。もちろん「たくさん寝た」という意味でも使われるが、「熟睡できた」という意味で使われる場合のほうが多い。

つまり、「よく眠れた」というときの「よく」は、量ではなくて質を表す。こう整理してみたうえで、ソクラテスの「よく生きる」という言葉を吟味してみると、この「よく」は、量ではなく質を意味していることが分かる。

「よく生きたい」と思わない人はほとんどいないだろう。当然のことながら「よく生きたい」と思う生物は人間だけだ。生理学者の時実利彦は著書『人間であること』（岩波新書）で、人間の生の営みを「生きている」と「生きてゆく」の二つに分けている。

前者は、意識のない静的な生命現象であり、いわば植物的な生命活動である。後者は、意識のある状態で具現化されていく動物的・人間的な生命活動である。

つぎに、時実は「生きてゆく」を「たくましく生きてゆく」と「うまく生きてゆく」と「よく生きてゆく」の三つに分ける。

一つ目の「たくましく生きてゆく」とは、生まれつき備わっている本能行動や情動行動であり、それによって個体維持と種族保存をめざす生命活動である。二つ目の「うまく生きてゆく」とは、変化する外部環境に適切に対処していく適応行動だ。三つ目の「よく生きてゆく」とは、未来に目標を設定し、何らかの価値を追求し、その実現を図ろうとする創造行為である。

「自分を犠牲にして他者のために生きること」が「よく生きること」だと主張する人がいる。私はそうは考えない。それでは不十分であるし、現実的ではない。

「よく生きる」には二つの側面がある。一つは自己実現――自分が持って生まれた能力を十二分に発揮し、自分の発展と成長をめざすこと――の達成である。これは、個人的な動機から生まれる欲求だ。自己実現の鍵は、自分で自分の人生の方向性を決定し、その舵取りを自分がしていくこと（自己決定）、自分に与えられた生の条件を受け容れた上で実現可能な目標を立てるということ（理性的）である。

人間は社会的動物だから、自己実現は社会的な形態をとる。では、社会の中でどんなことをめざす活動を通じて自己実現を果たそうとするのか？　それは「他者や社会にとってよいものやよいことをつくりだす」という活動を通じてである。仕事は自己完結的な活動ではないので、仕事の価値は自分の外にある他者の評価や普遍的な価値（よい、正しい、美しい）との関わりによって生まれてくる。真の意味で自己実現の欲求（個人的）を満たそうとすれば、普遍性の追求（社会的）ということにつながらざるをえないのだ。

ということで「よく生きる」ことのもう一つの側面は普遍性の追求ということになる。自己実現は社会的自己実現と言い換えたほうがよい。

個々人が〈自己実現の欲求〉と〈普遍性の追求〉を車の両輪として前進していくこと、社会の中で競い合うことで社会全体の中に「よいこと」「正しいこと」「美しいこと」が蓄積されていくこと――それによって社会は進歩していく。

では「よく生きる」ことは働くこととどのように関係するのか？　働かなくてもよく生きるこ

とはできるのか？　やっぱり働かなくてはよく生きることはできないのか？　これについては本書の中でいろんな角度から私なりの答えを述べていくことにしたい。

№003

よく生きることは、よく死ぬことでもある。一生懸命に生きたものは、納得して死を受け容れることが出来る、という意味です。

小説家　宇野千代
『幸福の言葉』（海竜社）

「ああ、今日は楽しかった」「ああ、充実した一日だった」――そう言いながら、布団の中に入ることができれば、よい眠りが得られる。よい一日はよい眠りにつながるのだ。「眠りは小さな死である」と言われる。私たちは毎晩、死の予行演習をしているのだ。よい人生とは、よい一日の積み重ねである。だとすれば、よい人生はよい死につながるのではないか。

№004

井上陽水の『人生が二度あれば』という曲が、ときたまラジオから流れてきた。
でも私は人生が二度あればなどと考えるのはよそう。
今の人生を精一杯生きられない者が、
二度目の人生など生きられるはずがあるだろうか。

詩人・画家 星野富弘

『星野富弘 愛の贈りもの』（学研パブリッシング）

星野富弘は、群馬県出身の詩人、画家である。１９７０年に中学校の体育教師として着任したものの、２ヶ月後に体操部の顧問として指導中に頸髄損傷の重傷を負い、肩から下の機能が麻痺してしまう。９年間におよぶ入院生活の間に、口にくわえた筆で水彩画やペン画を描き始め、後に詩を添えるようになる。退院後は故郷に帰って創作活動を続け、水彩画やペン画に詩を添えた作品と随筆を織り交ぜた著作を次々と出版する。１９９１年には群馬県勢多東村（現みどり市東町）

に村立富弘美術館が開館し、全国からファンが押し寄せている。

星野の言葉は、哲学者のフリードリヒ・ニーチェが示した「永遠回帰」の思想を連想させる。「永遠回帰」の思想とは、自分の人生は寸分違わず、何度も何度も永遠に繰り返されるという考え方である。そんなことが実際に起きるのかどうかはどうでもよいことで、そう考えて生きていくことが大事だという思想である。

「人生は一回きりではないんだ！　それどころか人生は何回も何回も巡ってくるんだ！」

「え？　そうなんだ？　私のこれまでの人生はイマイチで……おそらくこれからの私の人生もイマイチになりそう……人生が一回きりではないのなら、私は次の人生に期待するよ……」

「いやいや、そういうことじゃないんだ！　今回とまったく同じ人生があなたに何回も何回も巡ってくるっていうことなんだ！」


あなたの先天的資質と過去の出来事は動かせないものだ。どれだけくよくよしても、どれだけうじうじしても、それらは変わらない。先天的資質と過去の出来事の延長線上にいまのこの自分が存在する。人生がうまくいっていないとき、人は今の自分を認めたくないあまり、自分のまわりの世界はウソの世界であり、どこか別の場所に「本当の世界」があると考えてしまう。
しかし、それは幻想である。今のこの自分こそが現実なのだから、それがどんなに厳しいものであっても、それこそが現実だと認めなければならない。そして、その辛い現実のなかで少しでも喜びを感じられるように努力して生きていかなければならない。
変えられないものは受け入れ、変えられるものは努力して変えていく。「永遠にめぐってきてほしい」と思えるような人生を創っていってほしい――これがニーチェのメッセージだ。

№005

一つ思うことは、人生に「いつか」はないってことなんです。若い頃は時間が永遠に感じられるけど、いやいや、人生あっという間ですよ。だから今やりたいことがあるなら、とりあえずやってみたほうがいい。

女優 小林聡美

「リレーインタビュー 私の分岐点」『ビッグイシュー 日本版(第三三五号)』

小林が高校卒業後に進学せずに仕事を選んだのは「大学ならいつでもいける」と考えていたからだ。しかし、小林も気がつけば40代——「いつか、いつかと思っているうちに人生が終わってしまう」。そんな焦りから小林は45歳で大学に進学した。大学で日本文化について勉強をするうちに俳句に目覚め、仲間を集めて句会を開催するようになり、2018年4月からはEテレ「NHK俳句」で司会をすることになる。

この言葉は50代になった小林から若者に向けられたメッセージである。「いつか……してみたい」というときの「いつか」は「未来の不定の時」を表す。「そのうちに」という意味である。「いつかお会いしましょう」「あの国にいつか行ってみたい」というように使う。しかし、実現しないことがほとんどだ。

本当に「……してみたい」と思うのならば、とりあえず「今から」出来る範囲でしてみよう。人生に「いつか」はない。「いつか」という言葉は弱くて、儚《はかな》い。

№006

生きること、それは呼吸することではない。活動することだ。
わたしたちの器官、感官、能力を、
わたしたちに存在感を与える体のあらゆる部分をもちいることだ。
もっとも長生きした人とは、もっとも多くの歳月を生きた人ではなく、
もっともよく人生を体験した人だ。

哲学者
ルソー

『エミール』(岩波文庫)

№007-013

「〈好き〉を仕事にする」
×
「仕事を〈愛する〉」

2

№007

なにしろ、永遠に生きられるわけじゃないんだから、できるだけ愉しくすごしたほうがいいに決まってるし、働いているときにはその仕事を愉しめるものにすべきじゃないかい。ぼくは自分のしていることが気にいっているし、これまでに自分で愉しめない仕事をする羽目におちいったら、ただちにそんな仕事は辞めて、本当に愉しめる仕事をするようにしてきたもんさ。なにしろ人生は愉しく生きたいからね。

アニメ『快適な生活——ぼくらはみんないきている』

『働くことの哲学』ラース・スヴェンセン（紀伊國屋書店）

「仕事を愉しむ」とはどういうことか

新入社員が自分の上司に向かってこんなことを言ったとしたら「何を甘ちゃんみたいなことを言ってるんだ！ 寝ぼけたことを言ってるんじゃねえ！」と怒られそうだ。甘ちゃんとは「考え方や言動などが甘い人、生ぬるい人、厳しさに欠ける人」などを指して用いる表現である。「仕事を愉しむ」なんてことは甘ちゃんの考えなのだろうか。そうだとしたら、私は甘ちゃんでけっこうだ、と開き直りたい。この名言は、私が20代の頃に感じていたことを見事に表現してくれている。

「仕事を愉しむ」という言葉をどう解釈するかは、人によって異なる。私が考える「仕事を愉しむ」とはどういうことかを説明したい。

哲学者のラッセルは『幸福論』（岩波文庫）の中で、食事をするときの態度によって、人を5つのタイプに分類している。1人目はペシミスト、2人目は禁欲主義者、3人目は美食家、4人目は大食漢、5人目は健康な人である。

ペシミストは、この世の中にうんざりしている。すべてが七面倒臭いことであり、食事をとることも例外ではない。

禁欲主義者は義務感から食事をする病人のような人である。「体力を回復するためには栄養を摂取する必要がある」と医者から言われたので、仕方なく食事をしている人だ。

美食家は大きな期待を持って食卓についてみると、それほどでもない料理に幻滅する人である。要するに期待値が高すぎる人である。

大食漢はひたすらがつがつと食べ続け、お腹いっぱいになると、いびきをかいて寝てしまう人である。この手の人は味わうという単語を知らない。健康な人は食べられることに感謝し、喜び、十分に食べればそこでやめる人である。

ペシミスト、禁欲主義者、美食家、大食漢はいずれも食事を愉しまない人、愉しめない人である。健康な人は食事を愉しむ人、愉しめる人である。

食事に対する構えは仕事に対する構えにも通ずるものがある。仕事に限らず、人生のすべてに懐疑的な人、否定的な人ではありたくない。お金や家族のために嫌々ながら働く人、義務感という鎧を身につけて働く人にもなりたくない。仕事に対してあまりに高い理想を持ち、それと現実とのギャップに大きな不満を覚え、文句ばかりを言う人ではありたくない。目の前の仕事を片っ端からやっつけていくことに生きがいを感じるようなワーカホリックにもなりたくない。こういう「仕事を愉しまない人」あるいは「仕事を愉しめない人」にはなりたくない。

生きていて働けることに感謝し、務めを果たすことに喜びを感じ、仕事をしている時間そのものを味わい、十分に働いたら家路につく人になりたい。

№008

人間の一生は誠にわずかの事なり。
好いた事をして暮らすべきなり。
夢の間の世の中に好かぬ事ばかりして、
苦を見て暮らすのは愚かな事なり。

『葉隠』の口述者　山本常朝
『新篇　葉隠（上）』（岩波新書）

№009

やっぱり人間は好きなことをすべきなんです。ただし、好きなものを見つけるのが実は難しい。20代で見つかるなんて思っちゃいけない。スポーツ選手は若くして決めますが、凡人は30歳までわからないと思った方がいい。20代はとにかく辛抱する。そして好きを見つけたいと思い続ける。(中略)就職における最も危険な間違いは、好きかどうかでなく、有利かどうかで選んでしまうことです。花形産業は移り変わる。目先のことにとらわれてはいけません。好きなことをやらないと必ず後悔します。わからなければ探し続けるんです。好きを探すことこそ、人生で一番の仕事なんですよ。

作家・経済評論家
堺屋太一

『プロ論。2』(B-ing編集部、徳間書店)

好きを探すことが一生の仕事

世の中には「好きなことを仕事にすべきだ」と言う人がいる一方で、「好きなことは仕事にしないほうがいい」と言う人もいる。どちらも間違ったことは言っていない。「好き」という言葉の捉え方によって結論が異なってくるのではないか。

堺屋が言うように、スポーツ選手や芸術家などの特殊な職業の人と、一般の人は区別して考えたほうがいいと思う。前者は本人が好きな道を選んだというより、親が子によかれと思う道を選び――あるいは自分の果たせなかった夢を子に託そうとして選び――子がそれに乗っかったといった例がほとんどだ。そして、そのスタートは早ければ1歳から遅くても5歳ぐらいから始まっており、彼ら彼女らにとって20歳というのは、10～20年の努力を続けた後の地点なのである。

一般人はどうか？　高校や専門学校、大学を卒業した時点で「自分の好きなこと」――仕事に結びつくという意味で――が分かっているような人は一割程度ではないか。堺屋が言うように「30歳までわからないと思った方がいい」。20代は焦らずに辛抱しなければならない。そして「好き」を見つけたいと思い続ける。

№010

なにかを好きになる、それもとことん好きになるということは、とても大事なことだと思う。（中略）だが、本当に好きなものを見つけること、自分がいったいなにが好きなのかを見きわめることは結構むずかしい。いや、そのまえに、なにかを好きになる能力、なにかに夢中になれる能力をつちかう必要がある。なにかを好きになるというのは、訓練して養わねばならない一つの能力なのである。

哲学者
木田元

『新人生論ノート』（集英社新書）

消費者として好きなのか、生産者として好きなのか？

何かを好きになってそれを楽しむ——これは人間としてとても大事なことである。好きになる対象はどんなことでもいい。好きなことや好きなものが思い浮かんだら、それについてあれこれと考えをめぐらしてみよう。注意すべき点を書いておく。

一つ目は**「それは、赤ちゃんにとってのガラガラと同じではないか」**という点である。ガラガラとは赤ちゃんのおもちゃの定番だ。ガラガラの嫌いな赤ちゃんはいない。それは本能的なものだ。若者にとっては、ゲームやマンガ、アニメ、ジャンクフードなどが〝ガラガラ〟である。好きなものがこういうものであれば、「ちょっと待て！」ということになる。

それは、本能に操られているというか、本能に支配されているにすぎない。自分の本能に支配されているということは、自分の理性で自分を支配できていないということであり、自分は自由ではないってことだ。自分で自分の行動を決められるということが人間の「自由」である。本能に従って自分の進む道を選んでも、多くの人は実りのない回り道で迷うことになる。

二つ目は**「消費者として好きなのか、生産者（あるいはサービス提供者）として好きなのか」**という点である。たとえば、お菓子が好きだとする。お菓子を食べるのが好きであれば、それは消費者の立場である。一方、お菓子を作るのが好きであるならば、それは生産者の立場である。

もう一つ、例をあげよう。マンガを読むのが好きなのは消費者の立場である。マンガを描くことが好き、マンガの表現技法を研究するのが好きな人、マンガの評論をするのが好きな人などは生産者の立場である。

三つ目は、好きなことや好きなものの延長線上で仕事を考えるにしても、**「その職種の需給バランスはどうなのか」**という点だ。たとえば、声優の仕事は「三百脚の椅子を、常に一万人以上の人間で奪い合っている状態」（大塚明夫『声優魂』星海社新書）だという。

天才は別にしていわゆる普通の人は、ライバルの多いところは避けて、ライバルの少ないところで勝負をするという戦略を考えよう。努力で成し遂げられることにも限度がある。ライバルが百人いる状況で死ぬほどの努力をしても勝ち抜ける確率は低い。それよりもライバルが三人ぐらいしかいないところを百倍の力で探したらどうだろうか。

ユーチューバーは職業名なのか？

近年、若者に人気のある職業として「ユーチューバー（YouTuber）」（独自に制作した動画を継続的にアップして、動画の再生回数によって広告収入を得る人たち）が注目されている。ここで疑問に思うのは、「ユーチューバーは果たして職業名なのか」ってことだ。職業というからには、その職業に特有の専門的な知識や技術がなければいけない。ユーチューバーをめざすと決めたとき、どういう知識や技術を身につけていけばいいのかが見えないのだ。

ユーチューブにはビデオブログ、ハウツーもの、ペット、商品紹介、やってみた系、料理、ゲーム実況、メイク・ファッション、衝撃映像、政治・ニュースなどのジャンルがある。いずれも何らかのコンテンツをユーチューブという表現媒体を使って流すことで広告収入を得るという仕組みだ。このコンテンツが職業名と関係してくる。ユーチューブというのは特別な撮影技術や編集技術を持っていなくても気軽に投稿できてしまう仕組みだから、こういうことに関する知識や技術は必要とはいえ、差別化の要素にはならないだろう。

「ビデオブロガー、映像作家、YouTuber」などの肩書きを持つ愛場大介は若者がユーチューバーに憧れるという風潮に対して「あなたは何を持っていますか？」と問うている（『You Tubeで食べていく』光文社新書）。あなたはどういう技術や知識を持っているのかを聞いているのだ。続けて愛場は「中味が空っぽではダメ」「自己を確立する前の子どもが『何も持たずに』ただ他人の真似事をして『オレのほうが面白い』と騒ぐだけなら、その前に時間を割いて学ぶべきことは山ほどあるはず」と書いている。

ユーチューバーになりたいというのは、ユーチューブを表現媒体として何らかのコンテンツを提供する者になりたいということだ。ユーチューバーになりたいのなら、自分はどういうコンテンツを提供することに興味を持っているのか、そういう能力がありそうかを考えなければいけない。また、必ずしも専業ユーチューバーをめざす必要はなくて、副業や複業としてユーチューバーをするというあたりを目標にしよう。

職業というのは基本的に、時間とお金とエネルギーをかけて知識や技術や価値観を習得し、それを消費者に提供することでお金を得るということであり、ユーチューバーであっても、その仕組みに変わりはない。そういうものが何もないと、無理やり再生回数を増やすために、過激な動画へとエスカレートしていくことになる。世の中に楽して稼げる商売はない。

№011

自分のキャリアを考えるときは「娯楽」「趣味」「特技」は分けて考えるのがよいと思います。「娯楽」は必要ではあるにしろ発展性のないその場の息抜きですが、「趣味」は「特技」に変化していく可能性があり、「特技」は「仕事」に進化・発展することが多いものです。

キャリアコンサルタント 香本裕世
『人事が変われば、会社は変わる』(日本経済新聞出版社)

「好きを仕事にする」という表現は、「趣味を仕事にする」と言い換えられる。これはよいことなのか、悪いことなのか。私は香本の整理に準拠しながら、趣味を《娯楽的趣味》と《特技的趣味》に分けて考えてみようと思う。

《娯楽的趣味》とは単なる息抜きや気晴らしだ。多くの場合、単発的、受動的であり、現実から逃避するための手段である。これに対して《特技的趣味》は自分の時間やお金、エネルギーを使って能動的に働きかける趣味をいう。対象への関わり方は、能動的かつ積極的である。単発的ではなく、継続的にその対象に向かって働きかけていくので、その趣味を通して自分の成長が実感できる。

《娯楽的趣味》を自分の就きたい職業と結びつけるのは考え違いである。もしも、《娯楽的趣味》を自分の就きたい職業と結びつけようとする若者がいたら「ちょっと待った！」と大人は言わないといけない。

一方の《特技的趣味》を自分の就きたい職業と結びつけようとするのは間違いではない。ただし、そのものズバリの職業だけに執着するのは現実的ではない。視野を広げ、それに関連する職業や同じジャンルの職業でもいいと考え、柔軟なキャリアプランを描くべきだろう。

№012

自分が好きなこと、それしかやらない。
そう決めるのは自分である。そう決めてちっとも差し支えない。
ただ現実には、好きなことをするために、
ほかのいろいろなことをしなくてはならない。それも好きになればいい。
それ以外に、好きなことなどじつはありはしない。
好きなこととは、ただ頭のなかにあるだけのものではないからである。（中略）
本当に好きなら苦労はいとわない。苦労が苦労ではないからである。
苦労したくないなら、結局それほど「好きではない」のである。

解剖学者
養老孟司

「世相ひとひねり」「朝日新聞」（１９９８年10月20日夕刊）

「好き」と「苦労」

好きなことをすれば苦労を感じない、嫌なことをすると苦労を感じる——私たちはついついそんなふうに思いがちである。しかし、仕事をするという文脈において考えてみると、好きなことでも嫌いなことでも苦労は付きものである。

「文章を書くことが好きなんですね」と時々聞かれる。そういうとき、相手の使った「好き」という言葉に妙な軽さを感じてしまい、返答に詰まる。「はい。好きです」とは素直に答えられない。嫌いとは言わないが、日常的に使う「好き」という言葉とは何だか違う。

実際のところ、文章を書くことは面倒くさくて、ひどく骨の折れる作業である。気が重いこと、苦しいことのほうが多い。それでもこの仕事を続けているのはなぜかといえば、世の中に存在している様々な活動の中で、私は文章を書くことに最も価値を見いだしているからだ。書くことに付きまとう苦しみや面倒くささにはずいぶんと慣れてきた。

「苦労も多い。面倒くさい。だけど、自分はこれをやらずにはいられない」——こう思えたとき、そこには「本当に好き」があるような気がする。仕事に苦労は付きものである。「好かない男の砂糖より、好いた男の塩のほうが甘い」という言葉がある。どうせ苦労をするのなら、好きなことで苦労がしたい。

№013

貴方は彼に「恋をしている」のであって、まだ「愛している」のではないのです。恋にはそれほど烈しい努力も忍耐も克己もそして創造力もいらぬことです。だが愛すること――それは恋のように容易しいことではない。「愛すること」には恋のように烈しい炎の華やかさも色どりもないのです。その代りに長い燃えつきない火をまもるため、決意と忍耐と意志とが必要なのです。

小説家　遠藤周作

『恋することと愛すること』（新風舎文庫）

私たちが日常的に使う好きと、本章で紹介してきた堺屋、木田、養老が使う好きは、同じ日本語の好きでも、その内実は違っているように思える。何がどう違うのか？　軽い言葉としての好きと重みのあるどっしりした言葉（＝本当に好き）としての好きの違いだろうか。

好きを恋と愛に分けて考えてみたらどうだろうか。遠藤周作は恋と愛について次のように分けて考える。

恋とは本能的な心の働き、自然な感情の動きである。それは、烈しい炎を連想させるような、情熱的なものである。これに対して、愛は本能的なものではなく、時には本能を抑えたりする必要がある。それには、地味で目立たぬ火をいつまでも燃え続けさせようとする努力が求められる。ただし、恋と愛を完全に分断させる必要もない。遠藤は恋とは「愛のための準備である情熱」だと言っている。

恋愛とは言うが、愛恋とは言わない。恋が先で、愛は後からついてくるからだ。恋に落ちるとは言うが、愛に落ちるとは言わない。愛はとどまっているものだからである。恋は点であり感情であるのに対して、愛は線であり意志である。

№014-017

「好きな仕事」×「合う仕事」

3

№014

「好きなもの」を選び出す「自分」こそこの世で一番不確かなものであり、
その不確かな「自分」が選んだ「好きなもの」ほど不安定なものはないからだ。
おまけに、選択を迫られるのは、もっとも自分がわからない十八歳のときなの
だから、「好きなもの」を基準にした選択は、誤るに決まっているのである。
これに対して、「嫌いなもの」を核とした選択は、あまり誤ることはない。
「好きなもの」がイメージ（幻影）に左右されて選び出されるのに対し、
「嫌いなもの」は生理的・気質的な反応を元にして選択されるからである。
イメージは滅びやすく、変わりやすいが、
フィジカルなものは永続的で安定している。

フランス文学者

鹿島茂

『悪の引用句辞典』（中公新書）

「好き」より「嫌い」

20代の自分は不確かなものである。たいした職業経験がないので、自分が漠然としていてとらえどころがない。そういう不確かな自分が、当てにならない「好き」という基準で仕事を選んでもうまくいかない。それに対して「嫌い」という基準は信用できる。不確かな自分ならば、せめて信用性の高い「嫌い」に頼りたいものだ。

結婚相手や恋人は「好きなことが一致する人ではなく、嫌いなことが一致する人のほうがいい」なんてことが言われる。これは一理ある。

好きは移ろいやすく、嫌いはあまり変化しない。それは好きが表面的であり、嫌いが内面的だからだ。「生理的に嫌い」という言葉はポピュラーだが、「生理的に好き」という言葉は聞いたことがない。生理的というのは表面的な理屈ではなく、内面的であり、本能的である。「〜が好き」というのはメディアに踊らされているに過ぎないケース、単にその時代に流行しているだけのものであることが多い。

№015

自分の好きなものを扱う仕事なら楽しいはずだ、自分に向いていると考えたくなるが、そうとはかぎらない。(中略)結婚を考えてみるといい。好きな異性のタイプと、幸せな結婚生活を送るのにふさわしいパートナーのタイプは、必ずしも一致しないということに、多くの読者はうなずいてくれると思う。好きというのは単なる好みの問題だが、結婚というのは具体的な日常生活だ。そして生活とは、好きという気持ちや憧れだけですべてがうまくいくわけではない。そういう意味では、就職というのも日常生活なのである。

経営者・研究者
高橋俊介

『スローキャリア』(PHP文庫)

名詞ではなく動詞で考える

高橋は大学卒業後、鉄道が好きだったから国鉄（現JR）に入社した。ところが入社してすぐに分かったのは「鉄道が好き」と「鉄道の仕事に向いている」とは別物であるということだった。

高橋によれば、ひとくちに鉄道マニアといっても、カメラ派やメカ派、模型派、踏破派や記録派、時刻表派など様々なタイプがあるという。時刻表派に属する高橋は、時刻表の改正などがあったときに、どういう意図のもとにその改正がなされたのかを類推することが好きだった。もっと言えば、具体的なデータから抽象的な概念を考えるのが好きだった。そんなことを著書の中で述べている。

私も中学と高校のときにカメラを片手にSL（蒸気機関車）を追っかけたことがある。ちょうど日本からSLが姿を消す時期で、程度の差こそあれ男子生徒の半分ぐらいはSL好きだった。中学三年のときは岐阜県の中央線でカメラを構え、高校一年の夏休みには北海道の室蘭線まで足を伸ばした。

友人の多くはカメラ派かメカ派だった。カメラ派はカメラやレンズ、三脚などの機材にこだわりを持っていた。メカ派は、機関車の構造や性能にやたら詳しかった。私はそのどちらでもなかった。カメラに対するこだわりはまったくなかったし、D51だろうがC11だろうがどちらでもよかった。今になって思えば、私の場合、SLの写真を撮影するという目的のもとにフラフラと旅をするのが好きだったのだろう。

「好き」から仕事を選ぼうとするときに注意したいのは、〝名詞〟で考えるのか、〝動詞〟で考えるのかである。高橋の例でいえば、「〝鉄道〟が好き」は名詞で考えているし、「〝時刻表の改正などがあったときに、どういう意図のもとにその改正がなされたのかを類推する〟ことが好き」は動詞で考えている。

名詞ではなく動詞で考えるほうが実用的である。動詞は具体的な行為を表す。〝働く〟という漢字を分解すると「人」が「動く」となる。ちなみに〝名詞〟は業種に対応し、〝動詞〟は職種に対応する。

№016

つまるところ適職とは「好きな仕事で、合う仕事」ということになる。
こう言葉にすれば簡単だが、好きな仕事はたくさん思い浮かぶにしても、
それが自分の気質や体質、年齢や経験や学歴に合うかを考えると、
それはムリという仕事も多いに違いない。「好き」イコール「相性がよい」
わけではないからだ。
その点、適職選びはどこか恋人選びに似ている。（中略）こう考えてみると
「好きで合う仕事」は「好きで相性のよい異性」と同じぐらい探すのが難しい。

キャリアコンサルタント 本多信一

『生きることをやさしくする101の方法』（成美文庫）

適職ってなんだろう

その仕事が好きであること、その仕事が合っていることの両方が成り立てば最高である。しかし、いきなりそういう仕事に就けることはめったにない。現実的なのは自分に合う仕事を探すことだ。合う仕事なら続けることができる。続けていくうちにだんだんその仕事が好きになっていくはずだ。

「自分に合っている仕事」とは何だろうか？　自分の何が仕事と合っているのだろうか？　それは「自分の興味」と「自分の能力」が仕事と合っていることである。興味とは自分が心をひかれ面白いと感じるものやこと、能力とは自分の得意なことである。「自分の興味」と「自分の能力」の重なったところに「自分に合っている仕事」が存在する。**好きは消費者の目線であることが多いのに対して、興味というのは働く人の目線である。**働く人の目線で好きだというのなら、それは興味と同じ意味である。

「自分に合っている仕事」に就くためのポイントは、興味の領域を大きくすること、能力の領域を大きくすることだ。二つの領域が小さければ、重なるところも小さくなり、適職の範囲が小さいことになる。逆に二つの領域が大きければ、重なるところも大きくなり、適職の範囲が大きいことになる。範囲が広いということは選択肢が多いということである。

自分に合っている仕事を考えるにあたって、興味や能力に加えて大事な要素がある。それは価値観である。価値観とはいっても「自分は仕事にどういうことを求めるのか」といった限定された意味での価値観である。

「はじめに」で私は、アメリカの心理学者ドナルド・E・スーパーの「仕事とは自分の能力や興味、価値観を表現するものである」を紹介した。彼は、『仕事の重要性研究』（Work Importance Study）で、以下に示す14の労働価値を特定した。労働価値とは要するに「あなたは仕事に何を求めているのか」ということである。

---

①　能力の活用（自分の能力を発揮できる）
②　達成（良い結果が生まれたという実感を持てる）

---

③ 美的追求（美しいものを創りだせる）
④ 愛他性（人の役に立てる）
⑤ 自律性（他からの命令や束縛を受けず、自分の力だけでやっていける）
⑥ 創造性（新しいものや考えを創りだせる）
⑦ 経済的報酬（たくさんのお金を稼ぎ、高水準の生活を送れる）
⑧ ライフスタイル（自分の望むような生活を送れる）
⑨ 身体的活動（身体を動かす機会が持てる）
⑩ 社会的評価（社会に広く仕事の成果を認めてもらえる）
⑪ 冒険性、危険性（わくわくするような体験ができる）
⑫ 社会的交流性（いろいろな人と接点を持ちながら仕事ができる）
⑬ 多様性（多様な活動ができる）
⑭ 環境（仕事環境が心地よい）

すべてが満たされるような仕事に就けることを望んではいけない。①〜⑭について優先順位をつけてみよう。いきなり順番をつけるのはたいへんなので、「大事にしたいこと」「少しは大事にしたいこと」「どうでもいいこと」の3つのグループに分けてみる。次に、それぞれのグループの中で順番をつけていく。

私の場合、1位「自律性」、2位「創造性」、3位「社会的評価」であり、12位は「美的追求」、13位は「経済的報酬」、14位は「ライフスタイル」だった。

さて、あなたは仕事に何を求めるだろうか？　友人や同僚と一緒にやってみて、価値観の違いを比べてみると面白い。

人は仕事を選ぶとき、自分の人生において何を優先させるのかという価値観を明確にしなければならない。すべてを手に入れることはできない。何を優先させるかという選択は、同時に何をあきらめるかという選択でもある。

ただし、この価値観は固定的なものではない。20代のうちは社会的交流性や冒険性を追い求め、30〜40代になると経済的報酬や能力の活用を意識し、50〜60代までくると愛他性や環境に目を向ける――というように変化していく人もいるだろう。逆に、若いときから老年に至るまで求めるべき価値観が変わらない人もいる。

№017

多くの若者を見ていると、「妥協したくない」ことが先行して、
少し困難にでくわすとすぐに理想を捨ててしまうことが多いようです。
理想を捨ててしまえば妥協もなにもなくなってしまいます。
問題は妥協しても理想を捨てないことなのです。

科学啓蒙家
板倉聖宣
『発想法かるた』（仮説社）

妥協のすすめ

「自分に合っている仕事は何か？」と考えて、少しずつでもそれに近づいていくことが大事だと思う。その過程において気をつけたいのは完全を求めないことだ。100を求めてはいけない。60でよしとする。若い人にありがちなのは、妥協することが嫌で、理想を捨ててしまうことである。

世の中のほとんどのことは、ゼロと100の間に位置する。それにもかかわらず、物事を見るときに「ゼロか100か」という、ふたつにひとつの見方をしてしまう。小さな失敗でも完全な失敗（ゼロ）と考えてしまうから、60点でも0点だと思ってしまう。

60点は0点ではない。60点は60点なのだ。この60点の地点から、もう一度100点をめざして再チャレンジすればいい。そうなると60点がゼロ地点となるので、そこから100点をめざす。ここでもう一度頑張ってみる。100点までは手が届かなくて60点だったとする。そうなると、60点に24点（40点×0・6）が加わるので84点のところまで到達できる。さらに続ければ93・6、97・44……というように、限りなく100点に近づいていく。

妥協を嫌って理想を捨てるか、理想を持ち続けるために妥協もいとわずとするか？　やっぱり後者でしょう。

№018-023

「やりたいこと」×「やりたくないこと」

4

№018

何かになりたいという欲望は、そもそも現在何が叶えられていないかという欠如条件があって初めて明確な像を結ぶはずである。そしてまた、欠如条件をはっきりさせるためには、人間の生活にとって何が重視すべき価値であるかということがある程度はっきりしていなくてはならない。ところがまさに現代の日本は、欠如条件も価値基準もはっきりしていないのであるから、そもそも子どもにたいして「何かになりたいという希望をもて」と要求すること自体、酷というものである。

評論家
小浜逸郎

『家族を考える30日』（JICC出版局）

豊かな社会に生きる私たちの「やりたいこと」

日本人の若者の多くは「自分のやりたいこと」が分からないと言う。これは豊かな社会に生きている人間の宿命であり、当たり前のことだから、まったくうなだれる必要はない。理由は2つある。

一つ目は欠如条件がはっきりしないこと、分かりやすくいえば「具体的な不幸」がないからだ。「具体的な不幸」とは、食糧、住居、衣服などの最低限必要な消費物資や、安全な飲料水、衛生設備、公共輸送手段、保健、教育などといった「人間としての基本的ニーズ」が欠如していることだ。もしも、自分の生活の中でこういう「具体的な不幸」を実感できれば、その不幸を埋め合わせるためにどうしたらいいかを考え、その中から必然的に「やりたいこと」が出てくるはずだ。

二つ目は価値基準、すなわち「何を好ましいと考えるのか」という基準がはっきりしなくなったことだ。貧しい時代の価値観は物質的に豊かになることだった。豊かな時代になると「物質的な豊かさ」よりも「心の豊かさ」を求める人が増えてくる。心の豊かさとは非常にあやふやな言葉で、「物質的な豊かさ」ではない何ものかという程度の意味しかない。「心の豊かさ」を求めるという目的の延長線上に自分の「やりたいこと」を——趣味や遊びならともかく仕事として——明確にするのは簡単ではない。

価値観が明確でなくなったことは通常、価値観が多様化したことのように捉えられる。絶対的な価値観が一つだけある状態から、それなりの価値観がいくつかあるような状態に移ったということだ。しかし、事態はむしろ価値そのものが消失しつつあるようにも思える。多様な価値観を前にして何が本当で何がそうでないかが分からなくなり、身近な人々の言動にのみ注意を払い、どのように反応すれば嫌われないか、受け入れてもらえるか、ただそれだけを気にしている人が増えているように思う。

№019

そもそも、やりたいことがない、っていうのは、
本当にそんなにダメなことなんだろうか。
私は、そう思わない。やりたいことなんてなくていい、
むしろないほうがいいとすら思っている。
あんまり今の自分のやりたいことに凝り固まってしまうと、
自分もまだ知らない、本当の自分のやりたいことを、見のがしてしまう。

経済学者
玄田有史
『ニート』（幻冬舎）

やりたいことなんてなくてもいい

豊かな時代において、自分がやりたいことを見つけるのは簡単ではない。いとも簡単に自分のやりたいことが見つかってしまったときは、逆に注意したほうがいい。それは、その人が本当にやりたいことではない可能性が少なくない。

文科系の大学や大学院で論文を書くようなケースを考えてみよう。理科系と違って、文系の場合は自分で論文のテーマを考えなければいけない。テーマを簡単に決めてしまう学生もいれば、なかなか決められずに時間がかかる学生もいる。

私の経験上、時間をかけてテーマを決めていく学生のほうが論文の質はよくなる。論文の出来不出来を山の高さにたとえてみよう。高い山をつくるためには裾野が広くなければいけない。裾野が広くないと高い山にはならない。論文のテーマがなかなか決められない学生は、広い範囲の中で自分のやりたいテーマを「ああでもない、こうでもない」と探し回る。その過程で広がりのある知識が蓄積していく。

とりあえず今の自分がやりたいと思うことを見つけるのは簡単だ。しかし、たまたま目についただけのことに、いとも簡単に飛びついてしまうと、今の自分が知らないこと、今の自分が気づいていないこと、つまり本当に自分がやりたいと思うことを捕まえることはできない。

あまりにも早い時期に「自分のやりたいことはこれだ！」と思い込み、それに凝り固まってしまうのはまずい。「数ある選択肢のうちのひとつだよ」程度がちょうどよい。そうでないと、自分が本当にやりたいことを見のがしてしまう。

「今のところ、取り立ててやりたいことはない」――そういう心持ちでも、まったく問題はない。何年か後にやりたいことがはっきりとしてきたときに、それに向かって動けるような準備をしっかりとしておこう。しっかり働いてお金を貯める、人脈を広げる、体力をつけておく。

№020

自分のやりたいことをやるために起業する、

という話をたまに聞く。あまりぴんとこない。

なぜなら、お客様は、

自分のやりたいことに対して、お金を払うのではなく、

お客様のやってほしいことに対して、

お金を払うからだ。（中略）

自分のやりたいことと、

お客様のやってほしいことは、

まず一致しないと考えたほうがいい。

私も、やりたいことがあって起業したわけではなく、

やりたいようにやりたくて起業した。（中略）

今、猛烈に仕事が楽しいのは、

お客様のニーズにさえ合っていれば、

いくらでも自分のやりたいようにできるからだ。

経営者　木村志義

「世界一！障害者のトータルライフサポーター日記」
https://ameblo.jp/kimurajoy/entry-10025827785.html

「やりたいことをやる」と「やりたいようにやる」

どういう職業に就くかという文脈の中で「やりたいことは何か?」と問うことには、大きな危険が潜んでいる。その「やりたいこと」が「やれること」とは限らず、むしろ「やりたいこと」をそのまま「やれること」はほとんどないからだ。

お金を持って回転寿司店に入る。ここでは、自分の食べたいものを食べることができる。「あの人のオーダーは受けますよ。だけど、あなたのオーダーは受けませんよ」なんてことはない。

ところが、職業を選択する場面においては事情が異なる。職業選択の自由は法律で保証されているが、希望する職業に就けるかどうかはその人の能力次第である。「やりたいこと」であっても「やれること」とは限らないのだ。

ある仕事をやりたいと思っても、その仕事をこなせる能力がなければ駄目だ。もちろん、今できなくても努力によってできるようになることもある。しかし、いくら努力してもやれないこともある。能力には、努力によってクリアできる部分と、努力だけではどうにもならない部分がある。これは厳然たる事実である。

ここにふたりの人間がいる。ひとりはこれから起業しようとしている人で「どういう事業をやろうか」を考えている。もうひとりは、これから仕事に就こうとしている人で「どういう会社で働こうか」を考えている。

両者の立場は違っているが、注意すべきポイントは同じ。それは、「自分のやりたいこと」にこだわりすぎないことだ。「こだわりすぎない」とはつまり、社会のニーズがあるかないか、自分が必要とされているかどうかを脇に置いて「自分のやりたいこと、やりたくないこと」にこだわっても仕方ないということだ。

順序としては、起業家をめざすならば社会のニーズのあるところで、会社で働こうとするのなら自分を必要としてくれるところで、まずは自分のできそうなことを選ぶ。そして一日でも早く仕事を軌道に乗せる、一日でも早く基本的な仕事を覚える。まわりの人から認めてもらう。そういうステップを積み重ねていくことで、やりたいように仕事ができる日がやがて来る。

「やりたいこと」に過度にこだわらない。やりたくないことでない限り、そこにニーズがあるのなら、そこで働かせてもらえるなら、まずはやってみる。現時点で、それはあなたが特段やりたいことではないかもしれない。しかし、そこで実績を積んでまわりから認められれば、あとはやりたいようにやれる。

同様に「好きなこと」にも過度にこだわらない。それが嫌いでない限り、相手があなたを必要としてくれるならば、とりあえずはやってみる。それは現時点であなたが一番好きなことではないかもしれない。しかし、そこで実績を積んでまわりから認められれば、好きなようにやれる余地は大きい。

№021

僕が今こういう生き方をしているのは、
自分に強い意思があったわけではなく、
とにかくイヤなことから逃げてきたら
たまたまデザインの仕事に行き着いて、
その後微生物の道に入って
発酵デザイナーになっていたにすぎない。（中略）
全部消極的！
逃げて逃げて逃げまくったら
ここにいたんだよ！

発酵デザイナー　小倉ヒラク

ブログ「Hirakuogura.com」
http://hirakuogura.com/僕は立ち向かう人ではなく、逃げてきた人だった/

「立ち向かう」のではなく「逃げる」

小倉は「何から逃げて何へ走ったのか」を具体的に書いている。高校で友だちができなかったからバックパッカーになった。ビジネスマンになるイメージが持てなかったから、フランスに行って美術の勉強をした。サラリーマンに向いていないと思ったから、デザイナーとして起業した。デザイナーの道で挫折したから、微生物の道に入った。東京で忙しく仕事するのがイヤだから、山梨の山の中に引っ越した。

「何かになりたい」という明確な目標があって、それを実現するための計画を練り上げ、強い意志と並々ならぬ努力で突き進み、今の私がある——胸を張ってそう言える人が、世の中にどのくらいいるのだろうか。そう言えたとしても、実のところ、事後的に「そういう物語を考えてみました」ということにすぎない場合が多いのではないか。

私は今、ライターをしている。私の場合もライターになるという目標に向かって邁進したとはとても言えず、いろいろやってみて合わないと思ったことから逃げて、逃げて、逃げて、今の私が取りあえず存在している。これは嘘も誇張もない表現だと思う。

理科系の大学を卒業して最初に勤めたのは非鉄金属メーカーだった。そこで私は材料系の研究者として三年間働いた。「こんなに狭いテーマをずっとやるのはかなわん」と思って、そこから逃げた。文科系の大学に入り直して文科系の学者になれないかとちらりと考えていた。「修士、博士、助手……うちの家は資産家でないし……そんな悠長な時間はない」ことを悟り、そこから逃げた。今で言うところのNPOみたいな会社に入った。「自分の中に積み上がっていくものがない」ことに気がつき、そこから逃げた。起業しようと思って地元に戻った。「集団で仕事をすることにストレスを感じる。誰かに頭を下げて、仕事を取って来ることが苦手だ」。そういう自分の性格に気づいた。残ったのがフリーランスでライターとキャリアカウンセラーの仕事をする日常だった。

「やりたい」と思ってやってみたら「なんだか違う」と思って、また「やりたい」ことを考え、そのやりたいことをやれる場所へと逃げていく。そういう工程を何回か繰り返すことで、徐々に「やりたいこと」が絞りこまれ、適職に近づけたように思う。

こういう方法がよいのか悪いのかは知らない。私はそうするしかなかったのだから、仕方がない。私と同じような人間は一定数いるように思う。

№022

われわれは実際に仕事してみること「そのこと」のうちからしか、
自分の適性はわからないだろうし、才能はわからないだろうし、
ほんとうに自分のしたいことすらわからないだろうということ。
つまり、「自分とは何か」はわからないだろうということである。
日々の仕事に違和感を身に沁みて感じたからこそ、
それからの転職も現実的な力となる。

哲学者 中島義道

『働くことがイヤな人のための本』（日本経済新聞出版社）

実際に仕事をしてみる

キーワードは「違和感」だ。違和感とは「①生理的（心理的）にしっくり来ないという感覚や、周囲の雰囲気や人間関係とどことなく、そぐわないという判断。②その人の理想像や価値観から見て、どこかしら食い違っているという印象。」（『〈第六版〉新明解国語辞典』）である。

「自分は何がやりたいのか」を分かるためには、どうしたらいいのか？ 実際に何かをやってみて、その中で違和感をいだき、それについてじっくりと考えてみるというルートをたどる他ない。普通の人は「よし！ 考えるぞ！」というようにして考えるのではなくて、考えざるをえない状況に追いこまれたり、壁みたいなものにぶつかったりして、仕方なく考え始める。そして、その考えたことを元にまた何かをやってみる――こういう繰り返しのなかから徐々に「自分は何かやりたいのか」が絞られてくる。

今から十数年前、「やりたいことがないから仕事をしない」という若者が問題になった。特別にやりたい仕事がないので、会社に入って正社員として働くことを拒み、アルバイトをしながら、毎日を何となく過ごしているような若者たちである。

彼らに対して「働かざる者、食うべからず」（事情があって働けないのならばともかくとして、働く能力があるのにぶらぶらしているのはいかがなものか）というスタンスで説教するのも一つの方法である。これで彼らの気持ちが動くのであれば問題はない。

しかし、豊かな社会――飢えて死ぬ心配のない社会、逆に食べ過ぎて病気になる社会――であり、親が子どものそういう状態を「まあ、しょうがない」と受け入れている限り、彼らは重い腰を上げようとはしない。たとえ、そういう言葉に反応して動いたとしても、しばらくすると元の木阿弥となるケースも多い。えてして脅しは対処療法にしかならず、根本治療にはならない。「そうか！」という納得が伴わないからだ。

じゃあどうするか？　そういう若者の心情に寄り添って「やりたいことが見つかって、やりたいことができるようになるにはどうしたらいいのかを一緒に考えよう」というスタンスで話をしてみたい。「一緒に考えよう」とは言っても実際には彼らの思考方法に反駁《はんばく》していく作業になる。

彼らは三つの点で誤解している。

まず一点目。若者は「私がやりたいことは今すでにどこかに実在しており、私はそれを探している」と思っている。しかし、これは間違っている。「あなたがやりたいことは今のところどこにも実在しない。それは自分の内部から湧いてくるものではなくて、社会とつながっている状況の中で自分の中に芽生えてくるものだ。群れの中に跳びこみ、他者との交流や競争の中で徐々に作りあげていくもの」である。社会とつながっていないとやりたいことは出てこない。社会とつながっているからこそやりたいことが出てくる。

二点目。若者は「私がやりたいことは私自身にしか発見できない」と思っている。しかし、これも間違っている。「私がやりたいことを見つけていく過程においては、他者が決定的に重要な役割を果たす。他者との交流や競争を通じて他者との違いを意識することから、自分の職業的アイデンティティは形成されていく。また、自分のやりたいことは他者が発見してくれ、それを教えてくれて、自分が受け入れることも珍しくない」のだ。

最後に三点目。若者は「やりたいことなら続けられるが、やりたくないことは続けられない」と言う。しかし、これは怠惰である言い訳にすぎない。「続けられそうなことを取りあえずやってみること、その中から自分のやりたいことが発見できる」のである。

30歳、40歳、50歳ぐらいになって「これが私のやりたかったことなのか！」と気づくときがある。このとき「なぜ、もっと若い頃にこれが分からなかったんだ」と悔やむことは意味をなさない。やりたいことが最初から決まっていたわけではなく、社会の中で経験を重ねる過程で自分のあり方に充実感を抱いたとき、事後的に「これが私のやりたかったことなのだ」と実感するだけの話である。

№023 やりたくないことをやってる暇はない。

プロテニス選手 大坂なおみ

数年前、NHKの「ニュースウォッチ9」に大坂が出演したときのこと。「最近、覚えたラップの一節を……(披露します)」ということで彼女の口から出たのがこの言葉だった。幼い頃からテニスに打ちこんできた彼女にとって、心に突き刺さる歌詞だったのだろう。たどたどしい日本語ながら、まだあどけなさの残る顔で言われると「そうだよね」と肯いてしまう。

青春は短い。いやいや20代も30代も40代も短い。要するに人生は短い。会社を定年になって「ああ、やっと暇ができた。これからはやりたいことをやるぞ!」と思ったとしても、すでに知力は衰え始めている。いくつかの持病を抱えている。体力も気力も残っていない。これが大多数のパターンだ。だから、やりたくもないことを何となくやっている暇はないのである。

№024-034

5

20代は いろいろ試してみる

№024

神様から「お前もなんかせい」と言われて人は生まれてきてるんやと思う。
だから、自分を信じるべきやと僕は思ってます。焦らんでいいんです。
種もまいて、花が咲くのを待つ。もちろん、種をまかんのに花は咲かんし、
水やりもちゃんと必要になりますよ。でも、大事なことは
上を目指そうという気持ちを常に持ち続けること。
いつも向上しようとしている人は、誰から見ても素敵なものなんです。

テレビタレント
笑福亭鶴瓶

『プロ論。』(B-ing編集部、徳間書店)

「お前もなんかせい」

神様――自然や宇宙と読み換えてもいい――は気まぐれなのか、気まぐれでないのか。もちろん気まぐれだと思えるようなときもある。たとえば、ラグビーボールが右に跳ねるか、左に跳ねるかというような場合だ。しかし、一人の人間をこの世に送りこむか、送りこまないかの判断は、気まぐれではないような気がする。だから、この世に生まれてきた以上、神様から「お前もなんかせい」と言われて生まれてきたのである。

ここで注意したいのは「お前はこれをせい」と言われたわけではないということだ。あくまでも神様は「お前もなんかせい」と言っているのだ。つまり、具体的な指示書はなく、**「何をしたらいいのか」は自分で考えなければいけない**。

じゃあ「私は何をしたらいいのか」をどうやって見つけていけばいいのだろうか。ポイントは内省（自分の考えや行動を深くかえりみること）と活動のバランスを間違えないことだ。私たちはついつい内省に偏りがちだ。活動と内省は8：2ぐらいのバランスでいい。「私は何をしたらいいのか」という個別課題は社会の中に跳びこみ、活動の中で徐々に見つけていくしかない。

№025

やりたいことが見つからない、と言っても、先生は教えてくれない。おじけづかないで、どんどん新しいことを試してみることだよ。自分で試して体験してみないと、それが自分に合っているか合っていないか、やりたいかやりたくないかもわからないでしょ。やりたいことが見つかってからやるんじゃなくて、見つけるためにまずは何かやってみるんだよ。だからとにかく新しいことを試してみなさい。そうすると本当に自分がやりたいことが見つかるからね。

物理学者　小柴昌俊

『エスチャン Vol.09』(愛知市民教育ネット)

試して確かめてみる

そもそも「やりたいこと」なんて実際にやってみないと分からないものだ。だとすると、職業経験がないのに「本当にやりたいこと」が分かったらおかしい。「何となくやりたいなあ」と思ったら、実際に試してみて「これが本当にやりたいことなのかどうか」を確かめてみよう。

たとえば、いろんな職業についての情報がまとめられている本を読んでみる。「面白そうだなあ」と思う職業があれば、そういう職業に就いている人を探し出して話を聞いてみる。いきなり今の仕事を辞める必要はない。休みの日や長期休暇を利用して、その職業と関連のあるアルバイトやボランティアをしてみるのがいい。

ただし、世の中には存在自体が悪い仕事があるので注意しよう。それほど必要性のない商品を、様々な手法を駆使して消費者の購買意欲を煽り、法外な値段で売りつける仕事である。これらの仕事の怪しさは、各地域の消費者センターに寄せられた苦情や相談の事例により判断することができる。

ではよい仕事とは何か？　私は、**誰にとってもよい仕事はなく、自分にとってのよい仕事しかない**と考える。自分にとってよい仕事とは、自分とその仕事の組み合わせがよいということを意味する。

では、組み合わせがよいとはどういう状態のときなのか？　それは、自分の活動能力が最も増大するような状態、仕事によって自分の能力が促進していくような状態である。平たく言えば、楽しく仕事ができる、溌剌と仕事ができる、喜びを持って仕事ができるような状態だ。どういう仕事が自分と組み合わせがよいかは〝実験〟をするしかない、〝実験〟を重ねていくしかない。だから、いろいろと試してみよう。

ただし、自分と組み合わせのよい仕事であっても、労働環境が劣悪な会社もあるので注意したい。残業が半端ではない、有給休暇がとれない、社会保険（年金と医療保険）や労働保険（雇用保険と労働災害保険）に入れてくれない、セクハラやパワハラが横行している、いじめや体罰があるなどの会社である。

№026

**興味があるからやるというよりは、
やるから興味ができる場合が
どうも多いようである。**

物理学者・随筆家 寺田寅彦

「写生紀行」『寺田寅彦 随筆集 第一巻』（岩波書店）

№027

**将来どうなるか、
分かってなきゃいけねぇのかよ？
将来が保証されてなきゃ、
何もやっちゃいけねぇのかよ？
そんなのどこがおもしれぇんだ？！**

漫画『GTO』鬼塚英吉

（藤沢とおる、講談社少年マガジンKC）

№028

最初の仕事はくじ引きである。
最初から適した仕事につく確率は高くない。
しかも、得るべきところを知り、
自分に向いた仕事に移れるようになるには数年を要する。

経営・経済学者
P・F・ドラッカー

『非営利組織の経営』(ダイヤモンド社)

最初の仕事はくじ引き

最初の仕事選び、最初の会社選びはもちろんくじ引きではない。ほとんどの場合、本人がしたい仕事、本人が入りたい会社を選んではいる。しかし、その仕事やその会社の実態が不確かなものであり、仕事や会社を選ぶ自分も不確かなものであることを考えると、それを選んだとは言っても、そこにどれだけの合理性があるのかというと、たいへん怪しい。よく分からないものとよく分からないもののマッチングなのだから、両者がぴったり合うはずがない。そう考えると、最初の仕事選び、最初の会社選びは、くじ引きであるという表現もまんざら間違ってはいない。くじ引きなんだから「最初から適した仕事につく確率は高くない」のは当然である。

「石の上にも三年」ということわざがある。「冷たい石の上でも、三年間座り続ければ暖まる意から、たとえつらくても我慢強くがんばれば、むくわれる」という意味である。この場合の「三年」に深い意味はなく、多くの月日ということを「三年」という数字で表しているにすぎない。

学校を卒業して就職した若者に対して「石の上にも三年だよ」とよく言われる。三年という数字にこだわる必要はなくて、何が何でも会社に三年いなければならないというわけではない。だからといって、数ヶ月ごとに職場を変わることを推奨しているわけではない。一つの目安として「最低でも一年、できれば三年」は一つの会社で働きたい。

黒田真行は『転職に向いている人、転職してはいけない人』（日本経済新聞出版社）の中で転職の回数と転職の成功率について次のようなデータを示している。

2回目までの転職――学校を卒業して最初に入る1社目の会社から数えて、3社目の会社への転職――までは成功率に大きな影響はない。しかし、3回目以上の転職になると成功率は下がっていく。その上で黒田は「石の上にも三年」という言葉に囚われて転職を思いとどまる必要はなくて、最初の就職から3社目までに自分が長く働けるような場所を見つけるように努力をするべきだという。

本書を執筆している2019年初頭の転職市場の状況は、たいへんな売り手市場である。こういう状況だと、買い手市場であれば転職できないような人でも簡単に転職できてしまうし、転職しないほうがよいような人でも安易に転職してしまうという問題が起きている。転職に関する注意点をいくつか挙げておこう。

一つ目は、**何となく転職するのはよくない**ってことだ。「あの店さあ、もう飽きたから今日は別の店にしようか」というノリで転職するのはもったいない。

二つ目は、**今の会社に対する不満を解決するのを最優先事項として転職活動をするのは間違い**ということ。たとえば、今の仕事が忙しすぎるのが不満の大本だった場合、その反動としてゆとりを持って仕事ができる会社を選んでしまう人がいる。忙しいか、忙しくないかは一つの要素に過ぎない。それだけでなく、様々な要素を総合的に考えたうえで転職先を選ばなければいけない。

三つ目は転職を決意する前に配置転換の可能性を探ってみることだ。若いうちにいろんな職種を経験しておいて損はない。つまらなそうな仕事が意外に自分に合っていて面白いなんてことはけっこうある。

いずれにせよ「転職は35歳までに2回」という基本原則ゆえに、その2回を無駄にしないことだ。

№029

これだけ人生の時間が長くなった時代なのであるから、
また世の中が一層複雑になっている時代なのだから、
「フルに働く」ようになるのは三〇歳前後に至ってであり、
それまでは試行錯誤や〝自分さがし〟の時期と
考えたとしても何らおかしくない。

京都大学こころの未来研究センター教授
広井良典
『定常型社会』（岩波新書）

20代は自分探しでいい

広井のこの言葉は、黒田の「最初の就職から3社目までに自分が長く働ける場所を見つけるような努力をするべきだ」というアドバイスに通ずるものがある。今の20代、30代の人は85歳ぐらいまで何らかの形で働かなければいけない社会になるだろう。自分に合う仕事でないと、85歳までの長丁場を泳ぎ切っていくことはできない。

20代のうちは、実際に会社で働きながら、自分の興味・能力・価値観をはっきりとさせていく。早くて30歳、遅くとも35歳ぐらいまでに自分に向いている仕事、一生を捧げても悔いのない仕事を見つけられるといい。

『おしゃべりな腸』（ジュリア・エンダース著、サンマーク出版）という本に、「ホヤのこども」の生態が紹介されている。

ホヤは浅い海岸などに広く棲息し、食用としてもなじみのある動物である。子どもの時期のホヤは、ちっぽけな脳と脊髄らしきものを持っている。脳は脊髄を通して身体に命令を送り、逆に身体は外界から入手したいろんな情報を脳に送る。若いホヤはお気に入りの場所を求めて大海をさまよう。安全そうで、水温もちょうどよく、食べものにも困らない場所を求めてである。やがてそういう場所を見つけると、そこに定着する。

20代の若者はホヤの子どもを見習って、お気に入りの場所を求めてさまよってもいいのではないか。安全そう（うつ病にならない職場、過労死しない職場）、水温がちょうどいい（自分のレベルと釣り合っている職場）、食べものに困らない（そこそこの給料がもらえる職場）――というように読み換えればいい。

ホヤの子どもの話には続きがある。ホヤの子どもは居場所を決めると、そこに根を張ったようにへばりついて動くのをやめる。動く必要がなくなると脳もいらなくなる。そうなると、ホヤは不要になった脳を食べてしまう。自分の脳を食べてしまうとは何とも潔い！

もちろん脳を食べてしまうことを見習う必要はない。つまり、**自分に合った仕事が見つかったからといって、もう何も考えなくてよいということではない**。闘いは続くぞ！　その仕事の枠の中でどうやって長期的に自分のキャリアを積み上げていくかを考え続けなければいけない。

《空中浮遊型》と《ピボットターン型》

「自分探し」について考えてみる。どちらかというと「自分探し」という言葉は否定的に捉えられることが多い。現在の自分の状況に不満を覚えたとき、人はこの状況を何とか変えたいと思って、今の自分（現実の自分）から理想の自分へと脱皮することを試みる。このとき、とるべき方向は二つに分かれる。

一つは《空中浮遊型》の自分探し（＝悪い自分探し）である。こっちに走る人は、いま自分がいるところから遠く離れた場所に、いまの自分とはまったく異なる自分が存在するのではないかと考える。魔法の杖のようなものを使って現状を一気に変えようとする。現実の自分が置き去りにされているという意味で〝空中浮遊〟しているようなイメージである。現実逃避としての「自分探し」といってもいい。

もう一つは《ピボットターン型》の自分探し（＝よい自分探し）である。ピボットターンとはバスケットボールで不可欠な基礎技術で、ボールを持っているプレーヤーが片方の足を軸足（ピボットフット）として床に固定し、もう一方の足（フリーフット）を動かすことだ。

ピボットフットとは自分の持っている資源を意味する。社会学では行為を可能にする、いっさいのものを資源と呼ぶ。人的能力資源（身体能力や知的能力、知識や経験、強みなど）、物的資源（お金や道具、機械など）、人的関係資源（人脈、対人的魅力、社会的信用など）に分けられる。こういった資源が行為の可能性の範囲を決定することを理解しなければいけない。現実の人生に魔法の杖はない。自分の資源を洗い出し、そこをベースに歩幅を広げ、新しい自分へと少しずつ脱皮していくしかない。

№030

愚か者は幸福がどこか遠い所にあると思い込んでいる。
利口者は幸福を足元に育てる。

詩人　ジェームズ・オッペンハイム

『カーネギー名言集』（創元社）

№031

人生とは、10パーセントは自分で作るもので、90パーセントはそれをどう引き受けるかだ。

作曲家 アービング・バーリン

アメリカの心理学者D・クルンボルツは、職業選択に影響を与える因子として、①先天的な資質（身体的な特徴、知能、音楽や美術などの特殊な才能、運動能力などの遺伝的な特徴）、②環境条件や出来事（地理、気候、社会規範、特定の文化における性別による役割分担、雇用動向、労働市場の動向など）、③学習経験（自分の経験や他者の経験から学ぶこと）、④課題へのアプローチスキル（「目標を設定する→代替案を考える→価値を見定める→代替案の優先順位を決める→意思決定に必要な情報を集める→選択する」）の4つを挙げている（『キャリアカウンセラー養成講座　テキスト3　キャリアカウンセリングの理論』日本マンパワー）。

このうち、①と②は自分の力ではどうしようもなく変えようもない事実だから、そのまま受け入れるしかない。私たちにできるのは、「③学習経験」を積み、「④課題へのアプローチスキル」

を身につけることだ。

自分に与えられた条件をまずは受け入れること。そして、その条件のもとで自分の仕事をデザインしてみる。現実とかけ離れた観念に惑わされることなく、「ここではないどこか」に自分の人生の意味を求めるのでもなく、あくまで「今、ここ」に目を向ける。

それはありふれた「普通の人生」かもしれない。しかし、**あなたしか送れない人生という意味で、それは「特別な人生」なのだ。**

№032

この世界で私に与えられた仕事は、
きわめて限られたものかもしれない。
だが、それは私に与えられた仕事である
という事実ゆえに、
かけがえのないものである。

カトリック修道女　マザー・テレサ

№033

配られたカードで勝負するしかないのさ
……それがどういう意味であれ。
(You play with the cards you're dealt …
whatever that means.)

漫画『ピーナッツ』　スヌーピー
(『A peanuts book featuring Snoopy〈10〉』、チャールズ・M・シュルツ)

№034

あなたが会社を辞めても、いつまでも付き合ってくれる相手。
そんな人を、仕事を通じて見つけてみましょう。
と同時に、あなたも、相手から、
そのように信頼してもらえる人に
なれるように努力してみてください。

ジャーナリスト
池上彰
『もっとやりたい仕事がある！』（小学館）

退職後も関係が続く友人

働くようになると学生時代とは比べものにならないくらい、実に大勢の人と付き合うようになる。社内の人に限らず、取引先の人との付き合いだってある。仕事をしながら時々、考えてみよう。「会社を辞めた後も、この人との付き合いは続くだろうか」と。

仕事を通じて知り合いになった人は、その会社に在籍する限りの関係で終わる人、その会社を離れた後も親交が続くような関係の人に分かれる。もちろん、前者は多数、後者は少数である。その違いは何か？「何を大事にして働いているのか、どういうこだわりを持って生きているのか」というあたりが一致する場合が後者ではないか。そういう共通項がなくて、特定の役割や立場、地位があるからお互いに付き合っているだけの場合は前者になる。

会社を辞めても付き合いたいと思っている人、付き合ってくれそうな人が周りにいるかどうか。そういう人を一人でもいいから今の仕事を通じて見つけられるといい。同時に周りの人から「こいつとは会社を辞めても付き合い続けたい」と思ってもらえるような人間になろう。

№035-039

幸運を引き寄せる法則

6

№035

内面を見つめるのではなく実際に試すことだ。本当の可能性を見いだすのは行動を通じてである。新しい活動を試し、いままでと違う人に接し、新たな手本となる人を探しだす。自分の「物語」をまわりの人に伝え、書き換える。経験を重ね人から認められることで、ほしいものがはっきりしてくる。新しい情報を取り入れ理解し、色を加え輪郭を描き足し、陰影や濃淡をつけ形を整える。何かを選ぶたびに、将来の自分の肖像画が描かれていく。再出発するには、考えるよりまず「行動」することだ。

心理学者

ハーミニア・イバーラ

『ハーバード流キャリア・チェンジ術』（翔泳社）

考えるよりも行動すること

ハートフォードシャー大学の心理学教授、リチャード・ワイズマンは「運のよい人」と「運の悪い人」についての調査を実施し、運というものは、宝くじのようにまったくの偶然あるいは不気味な超常現象なのか、それとも何か本質的な違いなのかを検証した(エリック・バーガー著『残酷すぎる成功法則』飛鳥新社)。

調査結果が示したのは、運というものは偶然の仕業ではなくて、その人の選択によるところが大きいということだった。ワイズマンは運のいい人の性質を「新しい経験を積極的に受けいれ、外交的で、あまり神経質でないことだ」と結論づけた。家の中に閉じこもることなく、社会の中に飛び出し、新しいことやワクワクすること、素敵なことに巡り合うチャンスを増やしていくことが「運のよい人になる」ための鍵なのだ。

№036

失敗できないコメディアンは成功できない。(中略)
彼は民主的に、自分の判断より観客の反応のほうを信じている。

作家
エリック・バーガー
『残酷すぎる成功法則』(飛鳥新社)

自分は、自分ではなく他人が決める

アメリカのコメディアンも日本のお笑い芸人も、小さな舞台でたくさんの失敗を積み重ねながら一つの作品を仕上げていくことはあまり知られていない。観客の前でネタを披露し、受けたネタは残すが、受けなかったネタは棄てる。こういう作業を何回も何回も続けながら、爆笑に次ぐ爆笑の作品を完成させていく。

受けなかったネタは観客から見れば失敗である。しかし、演者は失敗で落ちこむわけではない。演者にとってそれは客の反応を見るための〝実験〟にすぎない。

なぜ〝実験〟をするのか？　受けるか受けないかは演者自身には分からないからだ。受けると思ったネタがまったく受けないこともあれば、逆に受けないと思ったネタが大きな笑いをとることもある。自分よりも他者（観客の反応）、ひとりよりもたくさんの人の判断を頼りにするのである。

自分はどんなコメディアンなのか、自分はどんな芸人なのかというのは自分が決めるのではなく、観客が決めるということだ。

こういうことは、コメディアンや芸人に限らず、一般の人にも通用する理論である。いろんな

〝実験〟をしてみて失敗をたくさんしてみる。失敗したことは通用しなかったのだ。成功したことは通用したのだ。自分がいくらやりたいことであってもそこで通用しなければ仕方がない。逆に自分があまりやりたくないことであっても通用することがある。自分というものは他人が決めるもので、必ずしも自分で決めるものではないのだ。

一般に、失敗したことよりも行動を起こさなかったことのほうが後悔は大きくなる。失敗は正当化できるのに対して、行動を起こさなかったことは正当化できないからだ。また、失敗は成功につながる可能性があるのに対して、行動を起こさないことから成功へとつながることはない。さらに、年月が経過するにつれて、人は良いこと（成功）だけを覚えていて、悪いこと（失敗）は忘れてしまう傾向にあるからだ。

№037

進み続けなさい。あなたが期待していたことが、偶然につかめるでしょう。座ったままで、偶然にチャンスを見つけたという話は これまで私は聞いたことがない。

発明家 チャールズ・F・ケタリング

№038

行動は恐怖を消してくれる。行動に移ろう。待っていてはいけない。100%準備ができているなんてことなんてないのだから。

作家 ドミニク・グロシュー

100%準備をするなんてことはそもそも無理なことである。そんなことをしようとしたら、準備だけで人生が終わってしまう。そうではなくて、ある程度の準備をしたら、不完全な状態でもとりあえず走りだす。走りだしてみないと分からないこと、走りだしてみて初めて分かることがある。1年かけて考えても分からなかったことが、走りだしてみたら1日で分かってしまうこともある。100%をめざしてじっくりと準備をするよりも、60%の段階でとりあえず走りだそうってことだ。

№039

「負けたことがある」というのが、いつか大きな財産になる。

漫画『スラムダンク』堂本五郎
（井上雄彦、ジャンプコミックス）

№040-046

人生100年時代と自立的キャリア形成

7

№040

「若さ」を保つ方法の重要なものとしては、私の考えでは、
一に精神的にも肉体的にも自ら進んで労働すること、
二に出来るだけ学問芸術の世界に遊ぶこと、この平凡な二箇条を挙げたい。
厭厭する労働はかえって人を老衰に導くが、
自己の生命の表現として自主的にする労働は、その生命を健康にする。
学問芸術は人に愛と美と真を指示して、人の労働に正しい目標と、
それ自らの内に満足する享楽とを与える。

歌人
与謝野晶子

「愛の創作」『与謝野晶子全集 第十三巻』(文泉堂出版)

「厭厭する労働」と「自主的にする労働」

「厭厭する労働」なんて誰も好き好んでする人はいない。できれば、「自己の生命の表現として自主的にする労働」をしたい。これは誰もが思うことだろう。

非鉄金属メーカーに勤めていた20代の頃、金曜日の16時45分に仕事を終えてから、月曜日の7時45分に仕事が始まるまでの時間は本当に短く感じた。あっという間に時間が過ぎた。「自己の生命の表現として自主的にする遊び」ってな感じで、バスケットボールやテニス、読書、映画、落語、ツーリングなどなど、元気に遊んでいた。

一方、月曜日から金曜日までの時間、とくに会社で仕事をしている時間は本当に長く感じた。時間がなかなか過ぎなかった。午前中から何度も時計を見ていた。終業時刻まで、ひたすら時間が過ぎることだけを念じていた。当時の私の働き方は、「厭厭する労働」にほかならなかった。

金曜日の夕方から月曜日の朝まで私は生きていた。しかし、月曜日の朝から金曜日の夕方までの間、私はまるで死んでいたかのようだった。総体としてみると、当時の私の人生は病んでいた。仕事がＯＫでないと、やっぱり人生もＯＫではない。

№041

人は働きながら、その人となってゆく。
人格を形成するといっては大袈裟だけれど、
その人がどんな仕事をして働いてきたかと、
その人がどんな人であるのかを、切り離して考えることはできない。

旋盤工・作家
小関智弘
『仕事が人をつくる』（岩波新書）

仕事と人格形成

仕事は自分のアイデンティティにとって不可欠だ。アイデンティティとは「自分という存在の独自性についての自覚」（『〈第六版〉新明解国語辞典』）。かみ砕いていえば、「あなたはどういう人？」と聞かれて、「私は〇〇です」と答えるときの「〇〇」があなたのアイデンティティだ。

新聞の片隅にひっそりと掲載されている訃報欄を思いだそう。人の一生を振り返るときに主役的な役割を演じているのは、多くが仕事だ。仕事を抜きにした訃報欄はほとんど見ない。

№042

職業はわたしたちの生活の背骨になる。背骨がなければ、人は生きていけない。仕事にたずさわることは、わたしたちを悪から遠ざける。くだらない妄想を抱くことを忘れさせる。そして、こころよい疲れと報酬まで与えてくれる。

哲学者 ニーチェ

「人間的な、あまりに人間的な」（『超訳 ニーチェの言葉』白取春彦編訳、ディスカヴァー）

「仕事だけが人生じゃない」。よく聞く言葉だ。確かに、人生と仕事は完全にイコールではない。しかし、人生の中で仕事が瑣末なことかというと決してそうではない。人生の中で仕事は重要な部分を占める。

量的なことでいえば、1週間のうちの5日間は仕事が占めている。7分の5だから70％強を仕事が支配していることになる。休日の過ごし方だって、仕事に支障がないような遊びに限られたり、時に仕事に役に立つような自己啓発活動をしたりということを考えると、人生において仕事が占める割合は高い。

では質的な面ではどうだろうか？ 仕事には責任が伴う。どんな仕事であれ、その結果は他者からの評価を受ける。低い評価なら落ちこみつつも「次は頑張ろう」と思う。高い評価ならにんまりとしつつ「次もこの調子で頑張ろう」と思う。そういう評価と次の仕事に向かう活力がやりがいと呼ばれるものの正体である。遊びでこの種のやりがいを得ることはできない。遊びは自己満足的なものだからだ。

世の中には「仕事にやりがいを求めるな！」と言う人もいる。しかし、そう主張する人の職業は大学教授や作家、医者などのケースがほとんどであり、彼ら彼女らはけっしてお金を稼ぐためだけに仕方なく仕事をしているのではなくて、少なからぬやりがいを感じながら仕事をしているに違いない。「お金がすべてじゃない。お金なんかを追い求めるな」という人に限って、たんまりお金を持っているのと似ている。「仕事にやりがいを求めるな！」という台詞は、仕事にあまりにも多くのことを求めすぎ、心身共に疲れ切ってしまった人に向けた限定的な言葉だと私は思う。

ただし、「仕事にやりがいを求める」ことと「仕事だけを生きがいにする」ことは同じではない。仕事だけでなく、家事や遊び（趣味）、ボランティアなど、自分の活動のすべてに生きがいを見つけるべきだ。どんな仕事であれ、その中にやりがいを感じられるような工夫と努力をすべきだ。「まったく今の仕事にやりがいを感じない。仕事はお金を稼ぐ手段でしかない」――こういう心持ちで働き続けることは健康に悪い。

№043

広く浅い知識や技能を蓄えるゼネラリストを脱却し、
専門技能の連続的習得者への
抜本的な〈シフト〉を遂げる必要がある。

経営学者
リンダ・グラットン

『ワーク・シフト』（プレジデント社）

「連続スペシャリスト」と「職人」いう生き方

「人生100年時代」という言葉をいろんなところで聞くようになった。この言葉は、英国ロンドン・ビジネススクール教授のリンダ・グラットン氏が長寿時代の生き方を説いた著書で示し、日本で一気に広まった言葉である。

おおざっぱな分け方をすると、現在の40代から50代の人は「人生90年時代」、現在の20代から30代の人は「人生100年時代」を想定しつつ、ライフプランを立てる必要がある。「人生90年時代」の層は75歳ぐらいまでいかに働くのかを、「人生100年時代」の層は80歳ぐらいまでいかに働くのかを考えながら、自分のキャリアを創っていく必要がある。生活の張り合いと経済的な安心の両面から「できるだけ長く働く」ことが有効な処方箋だ。

彼女が示した言葉でもう一つ印象に残ったのは、専門技能の連続的習得者、つまり「連続スペシャリスト」という概念である。これまでもゼネラリストかスペシャリストかという区分けは存在した。彼女はこの区分けにひと味を加えて連続スペシャリストという概念を作りだした。

では「人生100年時代」と「連続スペシャリスト」はどうつながっているのだろうか。人生100年時代――人間の寿命が伸びた分だけ、会社の寿命も伸びるのであれば問題はない。しかし、実際には人間の寿命は伸びる一方なのに、逆に会社の寿命は短くなる一方である。ということは、一つの会社でずっと働き続けるのは難しいということ、ほとんどの人は好むと好まざるにかかわらず複数の会社を渡り歩いていかねばならない。

そういう状況の中で、ゼネラリストかスペシャリストかという選択肢が見えてくる。彼女は「専門性の低いゼネラリスト的なマネジメント技能は、特定の企業以外で通用しない場合が多い。（中略）終身雇用や長期雇用が揺らいだ世界では、こういうタイプの技能しかもっていないと、袋小路にはまり込みかねない」と主張する。

要するに、ゼネラリストはつぶしがきかないということだ。彼女が勧める道は、高度な専門技能と知識を身につけたスペシャリストの生き方である。そうはいうものの、若い時期に身につけた一つの専門技能だけで75歳、80歳まで安泰というわけにはいかない。リスクを回避するために、一つの専門分野に安住するのではなく、複数の専門分野に習熟しなければならない。いつでも他の業界や会社に転身できる可能性を持った専門家でなければいけない。以上が彼女の論だ。

20代後半に『人間と労働の未来――技術進歩は何をもたらすか』(中岡哲郎著、中公新書)を夢中で読んだ。この本は、技術の発達が人間の「労働」という営みをどう変容させたのか――手工業の世界で職人のような働き方をしていた時代から、複雑で高度な生産システムの中で作業員として働く時代に変わっていくとき、いったい何が起きたのかを論じた好著である。当時の私は最初の会社を辞めた後に法政大学社会学部で勉強をしていた。

印象に残っているのが職人という生き方である。「一人の人間が荷物をまとめて立ち去るとそれとともに仕事の能力も立ち去ってしまうというのが、まさに職人の世界の本質であった」(同書)。退職するときに、自分の能力をそのまま持って立ち去れるという姿にしびれた。単純に「職人の生き方ってかっこいい!」と思った。高度経済成長の前の時代を生きていた職人の姿と、リンダ・グラットンがイメージする連続スペシャリストの姿は重なる。

転職する際に問われるのが「あなたはどういうスキルを持っていますか」ということである。スキルは、特定の企業の中でしか通用しないスキル、同じ業界や同じ職種の中で通用するスキル(テクニカルスキル〉、業界や職種の垣根を越えてどんな仕事でも通用する汎用性の高いスキル〈ポータブルスキル〉に分かれる。三番目の「ポータブルスキル」とは、「仕事のし方」〈課題を明らかにする・計画を立てる・実行する〉、「人との関わり方」〈社内対応〈上司・経営層〉、社外対応〈顧客、パートナー〉、部下マネジメント〈評価や指導〉〉で構成される。

転職先を考えるとき、従来は知識や経験を活かせる同じ業種・職種の範囲で考えることが一般的だった。しかし、高いポータブルスキルを強みにしていけば、年齢に関係なく他業種・職種でも転職できる可能性が高くなる。つまり、転職先の選択肢が大きく広がるメリットがあるということだ。

№044

愚痴だらけのサラリーマンにならないためには、「就職は自己責任」と考えるのが、ストレスを溜めないコツです。満足いかない企業に入ったのは、自分に見る目がなかったせいだし、仕事がつらいのは、自分に能力が足りないせいだと考えるのです。

作家
福澤徹三

『自分に適した仕事がないと思ったら読む本』(幻冬舎新書)

すべては自分のせい

不満足な状態にあるときに大事なのは、「今の状況はすべて自分の選択の結果である」と考えることだ。「俺はなんでこんなところで、こんなことをしているんだろう？」と思ったときに「運が悪いなあ」「会社や上司が悪い」などというのは生産的ではない。「あ！　そうか！　俺が選んだんだ！」――こう考えないと次の一手が指せない。

会社と従業員の関係は「親と子の関係」から「大人と大人の関係」へと変化しつつある。

1990年以降、経済のグローバル化に伴う厳しい競争により、日本においても、会社主導の伝統的キャリア形成から、個人主導の自律的キャリア形成へと変わってきた。

従来であれば、10年先、20年先、30年先を見据えた、将来にわたる定型的で固定的なキャリアパスを企業が従業員に示していた。そのうえで、等級制度などによってキャリアアップを誘導し、そのために必要な知識や技術、価値観を従業員に身につけさせていた。長期雇用や終身雇用という身分保障を前提として、組織主導の人員配置や異動がなされてきた。

しかし、こうした会社主導のキャリア形成は、経済全体が成長基調にあり、組織を取り巻く環境が安定的だから可能であったにすぎない。経済全体が成長から成熟へと変化し、企業を取り巻く環境が安定かつ確実から不安定かつ不確実さへと変わってしまったのだから、組織主導で従業員のキャリア形成をしていくなんてことはもはや不可能である。そこで、個人主導の自律的キャリア形成へと変わっていくほかはないのだ。

こういった個人主導のキャリア形成の一つの有力な形として、「バウンダリーレス・キャリア」（境界のないキャリア）という概念が示されている。バウンダリーレス・キャリアとは、ひとつの組織の中だけでキャリアが展開される「会社主導の伝統的なキャリア」に対して、一つの企業や職務といった境界（バウンダリー、boundary）に閉ざされた範囲を超えてキャリアが構築されるものだと考える。バウンダリーレス・キャリアを歩む個人は、企業や業種の境界を横断しながら、新たなスキルや経験、ノウハウを獲得し、自律的に成長を重ねていく。

「プロティアン・キャリア」という概念も有名である。プロティアン（Protean）とはギリシャ神話に出てくる「思いのままに姿を変えられる」神プロテウスが語源で、「変幻自在な」「多方面の」と訳される。「プロティアン・キャリア」とは、環境の変化に応じて自分自身を変化させていく、柔軟なキャリア形成のことを意味する。

№045

キャリア形成とは
先行きの選択肢を複数考え、
自分が進む道を意識的に選び、
その道でやっていくために必要な知識やスキル、
経験をどう身につけていくのか、
自分で設計し、実現していくことです。

作家
ちきりん

『未来の働き方を考えよう』(文藝春秋)

働き方のバリエーションを知る

自律的キャリア形成の肝は複眼的な視点から自己洞察することである。通常、自分のキャリアを考える際、自分の興味や能力、価値観から業界や職種を選ぶ。しかし、同じ業界、同じ職種であっても、どういうキャリアを歩んでいくかは多様である。『未来の働き方を考えよう』という本の中で著者は「ひとつの職業の中にも、多岐にわたる働き方のバリエーションが存在している」と述べ、営業マンの5つのキャリアを示している。

① 様々な部門を経験しながら、組織内の政治力も身につけ、企業内の出世をめざす。
② 社内での出世はめざさないが、一貫した専門分野でキャリアを積んで、途中で転職する。
③ 何年かごとに業界や会社を変えながら、市場横断的な営業スキルを身につけ、営業のプロをめざす。
④ 一定の年齢で組織を離れ、営業代行や営業スタッフの教育を請け負う自営業者となる。
⑤ 一定の年齢で技術者と一緒に起業し、自分は営業部門の責任者として働く。

自分はどういうタイプの人間なのかを考察するとき、こういう視点もあるのかと納得した。自分は、大企業の社員向きなのか、中小企業の社員向きなのか、ベンチャー企業の社員向きなのか、フリーランス向きなのか、起業家向きなのかというフレームワークである。

「会社員」と「フリーランスや起業家」を分けるのは、「何をどのようにするか」について自分でどれだけ決めたいのかという点だ。会社員の場合、基本的には何をどのようにするかは会社（上司）が決めて個人はそれに従うのが普通である。フリーランスや起業家は「何をどのようにするか」を「自分で決めたい」という思いが強い人だ。もちろん、安定を求めるか、冒険を求めるのかということもあるだろう。

では、フリーランスと起業家を分けるのは何か？　起業家は自分の事業を大きくして成功を収め、社会的な影響力を持ちたいと考える人だ、一方、フリーランスは事業を大きくすること、成功することにはあまり興味はなくて、それよりも「どういう仕事をどういうふうにするか」について強いこだわりを持っている人だ。現在、会社員として働いている人は、自分に問いかけてみよう。私は会社員向きなのか、起業家向きなのか、フリーランス向きなのか。

ここで二つの但し書きをしておく。一つは、フリーランスや起業家というのはそうなりたくてなる人よりも、やむをえずそうなる人の方が多いのだということ。普通の組織人としては不適格な人――私がまさにそうであるように――が、追い詰められて追いこまれ、そういうものになってしまうのが本筋ではないか。

もう一つは、若くしてフリーランスや起業家をめざすのは簡単ではないってことだ。私の友人や知人を見る限り、会社員として一通りの知識や技術、人脈などを確立したうえで35歳から45歳ぐらいで独立するのが一般的である。また、子どもが大学を卒業するのを機に独立する人も多い。フリーランスや起業家のよいところは、60歳以降の職を自力で確保できる可能性が大きいということである。

№046

まず、転機をどう見るかということが
転機に対処するうえできわめて重要だということ。
第二に、変化というものは、それを良いもの、
または少なくとも悪くはないものと見るほうが、
マイナスと見るよりははるかに受け入れやすくなるということだ。

心理学者

ナンシー・K・シュロスバーグ

『「選職社会」転機を活かせ』（日本マンパワー出版）

転機をどう捉えるか

転機とは「他の状態に転じるきっかけ」である。転職とはまさに転機の典型である。シュロスバーグは、転機を①予測していた転機、②予測していなかった転機、③期待していたことが起こらなかった転機の3つに分けた。

①は、志望していた大学に入学した、志望していた会社に入った、昇進した、結婚した、子どもが生まれた、定年退職した、というようなケース。②は、リストラされた、左遷された、会社が倒産した、などのケース。③は、志望していた大学に落ちた、志望していた会社に入れなかった、思いどおりに昇進できない、などのケースである。

私の場合、通常のレールを踏み外してしまったので、「予測していなかった転機」や「期待していたことが起こらなかった転機」が同年代の友人に比べてものすごく多い。

これまでの人生を振り返ってみると――。志望大学（工学・理学系）に合格できなかった、1年間の浪人生活の後、志望大学に入学できた、単位を落として留年した、成績が悪くて志望していた学部（環境系）に進めなかった、仕方なく化学系の学部に進む、志望していたプラント会社の入社試験に落ちる、何となく非鉄金属メーカーに入った、仕事の内容が自分の興味や関心とかけ離れていることに気づき3年後に辞める、大学（社会学系）の3年次に編入学した、学者をめざすが教授に諭され断念、2年後に卒業した、NPOのような会社に入った、その会社を自己都合で辞めた、出版社に潜り込んだ、その出版社が倒産した、出版社に履歴書を送り続けるがことごとく落ちまくる、出版社に入った、会社から解雇を言い渡された、編集プロダクションに入った……もうこのへんにしておこう。書いていて気づいた。人生は思いどおりにいかないものだ。

ひと昔前に比べ、「予測していた転機」が訪れる機会が減るとともに、「予測していなかった転機」や「期待していたことが起こらなかった転機」が訪れる機会が増えている。転機を目の前にしたとき、ほとんどの人は怖じ気づく。そういうとき、4つのリソース（状況、自己、支援、戦略）をもとに熟考するといい。つまり、**現在の状況を整理し、これまでの自分を振り返り、支援を受けられそうな人や組織を洗いだし、戦略を練るのだ。**その際に心がけるのは、主体的、計画的、積極的な態度である。

№047-053

8

「自分にしか出来ない仕事」と「誰にでも出来る仕事」

№047

独創性ということがよくいわれるが、それは何を意味しているのだろう！
われわれが、生れ落ちるとまもなく、世界はわれわれに影響を
あたえはじめ、死ぬまでそれがつづくのだ。いつだってそうだよ。
一体われわれ自身のものとよぶことができるようなものが、
エネルギーと力と意欲のほかにあるだろうか！
私が偉大な先輩や同時代人に恩恵を蒙っているものの
名をひとつひとつあげれば、後に残るものはいくらもあるまい。

詩人 ゲーテ

『ゲーテとの対話』（エッカーマン、岩波文庫）

「巨人の肩の上に立つ」

「自分にしかできない研究がしたい」。私は大学の四回生のとき、こんな思いに取りつかれていた。四回生のときに在籍したのは工学部応用化学科分析化学第一学科。卒論のテーマは、「中性水溶液中におけるアノード酸化被膜の溶解挙動」だった。大学卒業後に勤務した非鉄金属メーカーの研究所にいるときにも同じことを思った。私が担当したのは電力ケーブルの材料に関するいくつかの研究だった。

そのときの思いをもう少し分かりやすく説明しよう。大学での研究、会社での研究のどちらも私がやっても、別の人間がやっても得られる結果は同じではないか。もちろん、研究室にとって、あるいは会社にとっては私が研究を進めることで一つの成果が得られ、それは組織にとって価値のあることだ。しかし、私にとってそれはどれくらい価値あることなのか。卒業に必要な単位を取得するため、給料をもらうためというだけの価値しかないのではないか。そういう生意気なことをぼんやりと思っていた。

あれから30年ちょっと——。今にして思えば、私は考え違いをしていた。50代の私は20代の私にこう言いたい。「10年、いや20年早いよ」。**いきなり「自分にしかできないこと」なんてできるはずはない。**

もちろん、卒業研究が講座の研究活動の下請けのようだったという味気なさ、会社で任された研究の中心テーマが工場での生産性アップとコストダウンをサポートするのが主だったという夢のなさ——そういうことが根本にあったことは否定できない。しかし、そうだとしても新米がいきなり「自分にしかできない研究がしたい」という欲求は的外れだったように思う。

会社に入って間もないうちは、誰にでもできる仕事、誰がやっても結果が同じ仕事しかさせてもらえない。そういう仕事を工夫しながら丹念に繰り返していくうちに、自分流のやり方が見えてくるし、また周囲から認められるようになる。そうしてはじめて、他の人にはできない仕事、自分だからできる仕事が少しずつ生まれてくる。こういうことは、会社員に限らず、他の仕事も同じである。

Google Scholar（論文や学術誌、出版物にアクセスできる検索サービス）のトップページには「巨人の肩の上に立つ」（Stand on the shoulders of giants）という標語が掲げられている。巨人とは、偉大な先人たちの業績や先行研究などの喩えであり、そういったものの積み重ねの上に学術研究の新たな知見は構築されるのだということを端的に示している。学術研究に限らず、会社での仕事も、先人や先輩たちによる仕事の積み重ねの上に構築されるのだ。

№048

みんなが真似ているものを真似するのなら主体性は不要です。
しかし、他の人が真似しないようなものを真似するのは
主体性のある人でないとできません。自分自身で真似するものを
選びとることから主体性が確立して、創造性が発展していくのです。
真似を嫌い創造を気取るだけでは創造性は育ちません。
創造的な活躍をしている人々は
どれだけ先人のものを真似していることでしょう。

科学啓蒙家

板倉聖宣

『発想法かるた』（仮説社）

模倣の先に独創がある

反対語辞典で模倣を引くと、独創あるいは創造と書いてある。しかし、これは間違っている。模倣は独創や創造の反対語ではない。**模倣の先に独創や創造があるのだ。**ゼロの状態からいきなり独創性を出そうとしても徒労に終わる。型があるからこその型破りであって、型がなければ形無しで終わるということだ。

真似ることにまったく主体性がないのかというと、そうではない。世の中には真似る対象がたくさんある。つまり、「何を真似るか」という選択肢は無限大にあるわけだ。何を選んでくるのかというところに個性が見えてくる。そして、選んだものをどう組み合わせるか、どういう順番で並べるか——無機的な羅列ではなく有機的なつながりをもたせて——そこにどういう解釈を加えるか、そんなところに個性が現れてくる。

たとえば、111の名言を引用するこの本は、まさに111面体の立体のようであるが、どういう名言を引っ張ってくるか、どういう順番に並べるか、どうグループ分けするか、誰のどんな論点を強調するか、何をどう深化させるか……というあたりに私らしさが認められるだろう。

№049

仕事の九五%は繰り返しのルーティンワーク。

でも、残りの五%をどう膨らませるかで仕事を面白くできるかどうかが決まる。どこかに面白い仕事がないかと探すんじゃなく、目の前の仕事を面白くする方法を探すことのほうが重要。

楽しいことをするんじゃなくて、することを楽しんでみる。

こっちのほうが知的だし、ずっと豊かな人生になると思うんです。

作家
松永真理

『しびれるほど仕事を楽しむ女たち』(日経WOMAN編、日本経済新聞社)

95％と5％

Aという仕事は面白い仕事、Bという仕事は面白くない仕事という分け方は必ずしも正しくない。「両方とも面白い」という人もいるし「両方ともつまらない」という人もいるからだ。どんな仕事であれ、それを面白くできる人と面白くできない人がいるだけではないか。

仕事のうちの95％はやらなければならない仕事、つまり先輩たちが積み重ねてきた仕事だ。だからこの仕事は定型的であり、人によっては「誰がやっても同じだから面白くない」と感じる場合もある。しかし、この95％の仕事を完璧にこなせた人間だけが、その次の5％の仕事に進める。**この5％の仕事こそが「面白い仕事」の源泉である。**この5％の仕事は自由度が高いから、自分なりの工夫をする余地があって、やる人によってものすごく差が出てくる。

「自分が今やっている仕事の中に面白さを発見する」という心構えが大事だ。どんな仕事の中にも松永が言うような「5％」の仕事が潜んでいるはず。95％の仕事を確実にこなしながら、5％の仕事について考えてみる。「型」を身につけながら、「個性」を発揮できるチャンスを待つのだ。

№050

下足番を命じられたら、日本一の下足番になってみろ。
そうしたら、誰も君を下足番にしておかぬ。

阪急・東宝グループ創業者　小林一三
『日本史「名言名句」総覧』（新人物往来社）

№051

仕事は探してやるものだ。自分が創り出すものだ。
与えられた仕事だけをやるのは雑兵だ。

戦国武将　織田信長

№052

やりたいことは、やらなければいけないことの向こう側にあるんだよ。

教育者
陰山英男

『人生にとって意味のある勉強法』（PHP新書）

やらなければならないこと

陰山は教育現場でいつも子どもたちにこの言葉を伝えてきたという。普通の子どもたちにとって勉強はやりたいことではない。しかし、「やりたいことでないからやらないでいい」ということにはならない、そこでこの言葉が出て来る。陰山は「やりたいことはやらなければならないことの向こう側にある。だから今やるべき勉強をやりなさい」と勉強する意義を伝えてきた。

勉強は楽しいか楽しくないか、心が躍るか躍らないかといえば、取り立てて楽しいことではないし、心が躍ることでもないだろう。基本的に勉強は退屈なものだ。哲学者のラッセルは『幸福論』(岩波書店)の中で「退屈の反対は興奮である」という。そして興奮の一つの例として狩猟をあげる。私にとってはスポーツこそが興奮すること、楽しくて心が躍ることだった。ラッセルは「退屈は二種類ある。一つは何かしら実を結ばせる退屈であり、もう一つは無意味な退屈である」とも書いている。言うまでもなく、勉強は「実を結ばせる退屈」であろう。「無意味な退屈」に堪える能力はともかくとして、「実を結ばせる退屈」に堪える能力は子どものうちに身につけなければいけない。

さて、陰山のこの名言は85ページで紹介した大坂なおみの「やりたくないことをやってる暇はない」と真逆のことを言っているようにも思える。二つの言葉をどう調停したらいいのか。

「やりたいこと」は長期的視点に立った夢や目標、「やらなければならないこと」は「やりたいこと」を実現するための活動だと捉えればいい。大坂にとってのやりたいことがテニスだとすれば、地味な筋力トレーニングやダイエットがやらなければならないことである。こう考えれば2つの名言は矛盾しない。

「やらなければならないこと」という言葉の裏には「気が進まない」「気が重い」という感情が見え隠れする。それでもこれをやれるかどうかは、自分が納得してやれるかどうかである。コーチや親から「やらなければならないこと」を強要されたとしても、自分がその必要性を納得できれば心理的負荷は小さくなる。もう一つ、「やらなければならないこと」を意志レベルで扱うのではなく、習慣レベルで扱うようにするのが有効である。気の進まない日常的な行為を支配するのは意志が20%、習慣が80%である。

№053

自分に忠実に生きたいなんて考えるのは、むしろいけない。
そんな生き方は安易で、甘えがある。ほんとうに生きていくためには
自分自身と闘わなければだめだ。自分らしくある必要はない。
むしろ、〝人間らしく〟生きる道を考えてほしい。
〝忠実〟という言葉の意味を考えたことがあるだろうか。
忠実の〝忠〟とは〈まめやか、まごころを尽くす〉ということだ。
自分に対してまごころを尽くすというのは、
自分にきびしく、残酷に挑むことだ。

芸術家
岡本太郎

『自分の中に毒を持て』（青春文庫）

自分らしくと人間らしく

「人間らしく生きる」というときの「人間らしさ」とは何なのか？　これは人間の本質とは何かという問いと重なる。Xとは何かを語るとき、Xに近いものとの違いで説明する方法がある。人間の一番の特徴を「考えること」だとしたとき、人間と人工知能との違いを明らかにすれば、人間の本質が見えてくる。

人工知能がどれだけ進化しても、思考の目的を与えたり、目的のよさ、正しさ、美しさを判断したりするのは人間しかいない。よさ、正しさ、美しさが自明でないのであれば、そのよさ、正しさ、美しさを追求することのなかに「人間らしさ」を見つけられるのではないか。

人工知能の能力が人間の能力に迫ってきて、やがては追い抜いてしまうのではないかということが言われ、私たちは底知れぬ恐怖感に囚われている。しかし、それよりもっと恐いのは人間性が貧しくなることで、人間が人工知能に近づいてしまうこと、それによって世界が茫漠としたものになっていくことではないか。

自分は人間であって人工知能が搭載されたロボットではない。したがって「人間らしく生きる」

ことを追求することの中で「自分らしく生きる」道を考えなければいけない。しかし、それは簡単なことではない。岡本はこの名言の前で「社会的状況や世間体とも闘う。……と同時に自分に対しても闘わなければならない」と言っている。

№054-061

「夢や方向性を持つこと」
と
「努力すること」

9

№054

理想を捨てるな。自分の魂の中にいる英雄を捨てるな。誰でも高みを目指している。理想や夢を持っている。それが過去のことだったと、青春の頃だったと、なつかしむようになってはいけない。今でも自分を高くすることをあきらめてはならない。いつのまにか理想や夢を捨ててしまったりすると、理想や夢を口にする他人や若者を嘲笑する心根を持つようになってしまう。心がそねみや嫉妬だけに染まり、濁ってしまう。向上する力や克己心もまた、一緒に捨て去られてしまう。よく生きるために、自分を侮蔑しないためにも、理想や夢を決して捨ててはならない。

哲学者
ニーチェ

「ツァラトゥストラはかく語りき」(『超訳ニーチェの言葉』白取春彦編訳、ディスカヴァー)

夢や理想を捨てるな

夢や理想、目標を持つことは非常に大切なことである。そういうものが持てれば、そこに至る道のりや方法を考えて実行していくことで日々の生活が活動的になる。夢や理想、目標は活力の元であり、退屈と沈鬱を撃退してくれる。

ここで、夢という言葉について考えてみる。

仕事や人生を考えるとき、夢という言葉はいつでも肯定的に使われるわけではない。だいぶ前『夢を持て』と励まされ、『夢を見るな』と笑われる。ふくらんで、やぶれて、近づいて、遠ざかって……。今日も夢の中で目を覚ます」(大分むぎ焼酎・二階堂)というCMがあった。

なかなか味わい深い言葉である。子供の頃は「夢を持て!」と励まされることが多いが、年齢が上がっていくにつれて「そんな夢みたいなことを言って……」と笑われることが増えてくる。

広辞苑によれば、夢には次のような4つの意味がある。①睡眠中に持つ幻覚、②はかない、頼りがたいもののたとえ、③空想的な願望、心の迷い、迷夢、④将来実現したい願い、理想。

ここで関係するのは③と④である。二つの違いを私は次のように考える。

第一に、夢（将来のあるべき自分）と現在の自分のギャップを自覚しているか？
第二に、そのギャップを埋めていく戦略や戦術をぼんやりとでもイメージできているか？
第三に、夢に向かって懸命に努力し、一歩ずつでもその階段を上っているか？

この3つの条件を満たしているとき、その夢は「④将来実現したい願い、理想」という意味になる。しかし3つの条件を満たしていないとその夢は「③空想的な願望、心の迷い、迷夢」という意味になる。「夢を持つな！　目標を持て！」（株式会社壱番屋の創業者である宗次徳二の言葉）とか、「夢に日付を！」（ワタミ株式会社の創業者である渡邉美樹の言葉）の意味するところは、③ではなくて④の意味で夢を持てと言っているのだ。

この3つの条件がクリアできていない人の多くは現実逃避として夢を見ているだけではないか。夢に向かって懸命に努力をしないのは、どういうふうに努力すればいいのかが分からないというよりも、その努力が無駄になることを恐れているのだ。何もしなければ、いつまでも夢を見ていられるから……。

№055

人生の悲劇は、目標を達成できなかったことにあるのではない。
達成すべき目標をもたないことにあるのだ。

教育家・黒人運動指導者
ベンジャミン・メイズ

目標を持つこと

「夢や目標を持ったとしても、それが叶わなかったらしょうがないんじゃないか」と冷めたことを言う人がいる。しかし、夢や目標が達成できたかではなく、達成すべき夢や目標を持って毎日を生きているかどうかが重要なのである。そういうものがまったくないと、自分で自分の人生をコントロールできているとは思えないのだ。

何かをするということは何かをめざすことであり、そのめざすことが何もないということは、取り立てて何もしない日々を送ることになる。人間は植物ではなく動物だから基本的に活動を好む。活動的になると身体も脳も喜ぶ。

№056

５年後、10年後に向けた計画がそのまま実行できた時代には、地上から特定の星を目指して突き進むような“望遠鏡型”のキャリア展開が可能であったし、推奨されていた。

しかし、今は“万華鏡型”のキャリア展開をイメージしたほうがいいと言われている。つまり、遠くの星を追いかけるのではなく、目の前に見える一つの模様が起点となって、水平方向に広がっていくキャリアである。万華鏡の模様は見方を変えるだけで形を変え、隣の模様同士が合わさって、また新たな模様を形成していくアート。偶然の出会いが思わぬチャンスを生んで、ボランティアや複業といった社外活動が本業とのシナジーを生む過程と、とても似ている。

日本ラグビーフットボール協会コーチングディレクター　中竹竜二

『Forbes JAPAN』
https://forbesjapan.com/articles/detail/23124

望遠鏡型と万華鏡型

中竹はキャリア形成のパターンとして《望遠鏡型》と《万華鏡型》の二つを示している。《望遠鏡型》はおなじみの方法である。たとえば、10年後のなりたい自分の姿をイメージし、それを実現するためにいつまでに何をどのように達成するかを考えていく方法である。「あなたの夢はなんですか?」「10年後、あなたはどうなっていたいですか?」という質問にすぐに答えられる人はこれでキャリアプランを立てるのがいいだろう。

正直に言うと、私はこの方法が苦手だった。10年後なんていう遠い将来はまったく見えなかった。私のこれまでの人生は「3年後にどこでどういう仕事をしているか」はまったくもって不透明だったし「10年後の自分? そんなこと、わからんだろ!」というのが本音だった。

もう一つのパターンは《万華鏡型》である。万華鏡とは円筒の中に長方形のガラス板を三角に組み、彩色したガラスなどの小片を入れ、筒を回しながら筒の端の穴からのぞくと、美しい模様が見える玩具である。中竹は「……一つの模様が起点となって、水平方向に広がっていくキャリアである」と表現している。目的地はなくても方向性はあるってことだ。

将来の夢を語るのが苦手な人で「仕事で何を一番大事にしたい?」「仕事でのこだわりは?」「自分らしさって何だと思う?」「どんなときに充実感を覚える?」という問いにすんなりと答えられる人は《万華鏡型》がお勧めだ。

《万華鏡型》は哲学者のドゥルーズが示した地下茎(リゾーム)のイメージと重なる。地下茎なるものは一本だけが一方向に伸びるのではなく、いくつかの茎が多方向に伸び、途中で分岐しながらまた伸びていく。それぞれの茎は伸びることが可能であればどの方向にも伸び、途中で障害物があれば別の方向へ伸びる。《望遠鏡型》のようにあらかじめ決められた設計図や予定表の通りに伸びるのではないのが特長である。結果から過程を導くのではなく過程のなかで目的を絶えず生成していく点、将来のためにすべきことを今やるというよりも、今まさにしていることそのものに意義を見いだす点がおもしろい。

注意したいのはどちらも目標を定め、日々するべきことをコツコツと続けることだ。《望遠鏡型》は夢を描いて、そこから手前にいくつかの目標を定めていく。《万華鏡型》はいくつかの方向性を打ち出し、その先にそれぞれについての目標を定めていく。

№057

努力して結果が出ると、自信になる。
努力せず結果が出ると、おごりになる。
努力せず結果も出ないと、後悔が残る。
努力して結果が出ないとしても、経験が残る。
努力をしてその日を迎えたんだったら、
何も残らないことはないから行っといで。　母

山里亮太（お笑い芸人）の母親
山里文代

自信と謙虚

山里亮太はその日、仕事で落語を披露する予定だった。不慣れな落語に不安と緊張を募らせた彼は、お母さんにLINEで弱音を吐いた。そのときに返ってきたのがこの文言だったという。最初の4行は出所不明の名言、その後にお母さんの言葉が付けくわえられている。

自信と努力について考えてみる。自信とは自分の価値や自分の能力を確信することである。自信を持つときに注意したいのは、「自信過剰にはならない」ってことだ。じゃあどうするか？　謙虚になろう。謙虚とは自分の能力をありのままに受け入れる態度だ。

謙虚な態度で仕事をするには、自分より能力の高い者の存在を知り、その人と自分の能力の差を認識しなければいけない。また自分の目標を達成するのに必要な能力を知り、それと現在の自分の能力の差を認識する必要がある。そして大事なのは、その差を埋めようと努力することだ。

自分の未来は見ることができない。だから、**自分の未来を信じるってことは、目に見えないことを信じることだ。**目に見えないものを信じることはある種の賭けである。ただし、それはサイコロをふるような偶然の戯れではない。努力によって賭けに勝つ確率を高めることができる。

№058

青春は様々の可能性を含む混沌《こんとん》のいのちである。
何になるかわからない、何かに成れそうだという気がする。
様々の夢を抱き、ロマンチックになるのは誰にも共通した点だ。
しかし青春の夢は、想像妊娠で終ることが多い。
空想的に或《あ》るものに成りうると思い、想像の中で自分を英雄化したり
女主人公化したりして、結局そのままで終ることが多い。
青春の夢は大切だが、夢を少しでも実現させるためには、
どれだけの努力と苦痛が必要か、不幸にして若者は知らない。
青春の不幸がそこにある。

文藝評論家 亀井勝一郎
『青春論』（角川ソフィア文庫）

№059

私は運というものを強く信じている。
そして、運とは
努力するほど増すものだと思う。

アメリカ合衆国第三代大統領 トーマス・ジェファーソン

『ギフト～E名言の世界～ 5』（日本放送出版）

№060

或る深さを持つ人間にとっては、
人生に堪えるのには、一般に一つの可能性しかない。
即ち、或る程度の軽薄ということである。
もし対立して調和し難い衝動、義務、努力、憧憬、
それら一切を深く考え抜いたとしたら（中略）彼は飛散し、
狂気に陥り、生命を捨てざるを得ないからである。

社会学者
ジンメル

『愛の断想・日々の断想』（岩波文庫）

軽薄のすすめ

夢あるいは方向性を持つこと、それに向かって努力することをあまり重苦しく考える必要はない。ある種のゲームだと思えばいい。悲壮感を漂わせて生きていると肩がこるし、そういう人の周りには人は寄ってこない。ゲームは真剣にやらなければ面白くないが、深刻になる必要はない。

いつもうまくいってしまうゲーム、いつも勝ってしまうゲームなんて、面白くもなんともない。うまくいくときもあれば、うまくいかないときもあるから面白いわけだ。勝つときもあれば負けるときもあるから面白いわけだ。うまくいかないときは「どうしてうまくいかなかったか」を考えて、勝てなかったときは「どうして勝てなかったか」を考えて、少しずつ改善していけばいい。

№061

「君には無理だよ」と言う人のことを聞いてはいけない。

もし、自分で何かを成し遂げたかったら、

出来なかった時に他人のせいにしないで自分のせいにしなさい。

多くの人が、僕にも君にも「無理だよ」と言った。

彼らは、君に成功してほしくないんだ。

なぜなら、彼らは成功できなかったから。

途中であきらめてしまったから。

だから、君にもその夢をあきらめてほしいんだ。

不幸な人は、不幸な人を友だちにしたいんだ。

決してあきらめては駄目だ。

自分のまわりをエネルギーであふれ
しっかりした考え方を、持っている人でかためなさい。

自分のまわりを野心であふれプラス思考の人でかためなさい。

近くに誰か憧れる人がいたらその人に、アドバイスを求めなさい。

君の人生を、変えることができるのは君だけだ。

君の夢がなんであれ、それに向かっていくんだ。

なぜなら、君は幸せになるために生まれてきたんだ。

プロバスケットボール選手
マジック・ジョンソン

『スポーツ感動物語 第2期〈3〉偉大なる英雄、悲劇のヒーロー』（学研教育出版）

付き合う人を選ぶ

人間という言葉が示すとおり、私たちは人と人との間で生きている。私は私の周りにいる人間に影響を与え、逆に私は周りの人の影響を受けながら生きている。

私たちは親を選ぶことはできないけど、友人を選ぶことはできる。マジック・ジョンソンの言葉を借りれば自分の夢や目標を実現するために「自分の周りをどういう人で固めるか」を考えなければいけない。2つのポイントを挙げてみよう。

①**夢や目標を語ったとき、「無理だよ。やめとけ」と言うような友人とは付き合わないこと。**あなたが失敗して傷つくのを心配しているのか、あなただけが夢や目標を実現してしまうのが許せないのかはわからない。いずれにせよ、百害あって一利なしだ。「できるんじゃやない。頑張ってやってみろよ」と言うような友人を選ぼう。

②**他人の悪口ばかり言っている人とは付き合わないこと。**人の悪口ばかり言っている人は、基本的に暇な人である。なぜ暇かというと、夢や目標を持っていなくて、それ

に向かって努力をしていないからだ。そういう人の意識は「未来」ではなく「過去」に、「自分」ではなく「他人」に向かう。向上心に欠ける反動のあまり、人を引きずり下ろすことに喜びを感じるのだ。

次に友人ではなく、上司や同僚について考えてみよう。社会人の場合、友人と過ごす時間よりも上司や同僚と過ごす時間のほうが圧倒的に長いのは言うまでもない。「自分の周りをどういう人で固めるか」は非常に大事である。

①自分のロールモデル（お手本となる人物）が職場の中にいるか？

言い換えれば、尊敬できる先輩が組織の中にいるか？　普通の人にとってロールモデルは遠い世界ではなく、身近な世界で見つける必要がある。大谷翔平や孫正義ではなくて、一緒に働いている人でなければいけないということだ。それが見つけられない場合は転職を考えてもいい。10歳年上の先輩を見てみよう。10年後の自分の姿は、今のあの先輩の姿だ。

②優秀な奴が多い職場かどうか？

組織の中で「自分が優秀な方だ」と感じているのなら、それは「井の中の蛙」となっている可能性が高い。能力は「自分より優秀な人」と働かない限り、伸びない。部活動を思い浮かべてみよう。自分よりも下手な連中と一緒に練習しても上手くなりはしない。上手な連中と日々練習して「俺って本当に下手だなあ〜」と毎日のように思って打ちひしがれ、「どうしたらあいつのように上手くなれるのか」と考えて、目を皿のようにして上手い奴の技術を盗み、ひそかに努力をすることで少しずつ能力が上がっていく。

№062-070

可能性×10年間の努力
才能＝

10

№062

われわれは、自分の才能を開花させるか、多忙にまぎらすか、自分とはかけ離れた何か——大義、指導者、集団、財産などと自己を同一化するかによって、価値の感覚を獲得する。三つの方法のうち、最も困難なのは自己実現であり、他の二つの道が多かれ少なかれ閉ざされたときにのみ、この道は選択される。才能のある人間は、創造的な仕事に従事するよう激励され、刺激されねばならない。彼らのうめき声や悲嘆の声は、時代を超えてこだまする。

社会哲学者
エリック・フォッファー
『魂の錬金術』(作品社)

才能の芽が花ひらく

「自分にはどんな才能があるのだろう……」。誰しも若い頃に一度や二度は自問自答したことがあるのではないか。

才能とは広がりを持った言葉である。「生まれつきの能力」という意味でも使うし、「物事を成し遂げられる優れた能力」という意味でも使う。つまり、素質という意味でも使うし、その時点での能力という意味でも使うのだ。以下で私は、才能という言葉を後者の意味で使っていく。

ここに20歳の若者がいるとしよう。このとき、その人の能力は遺伝によるものなのか、生育環境によるものなのか。学問的には片方だけでなく両方が関係するというのが定説である。ただし、その比率がいかほどなのかは能力の種類によって異なるようだ。一卵性双生児や二卵性双生児の研究によって「論理的推論能力や数学的思考力、音楽的才能、運動能力などは、それなりに高い割合で遺伝に依存する……いっぽう、同調性や執着性、社交性、不安気質などは遺伝に依存する割合は低く、育った環境の影響が大きい」（東京大学教養学部×博報堂ブランドデザイン『「個性」はこの世界に本当に必要なものなのか』アスキー新書）とされている。

私たちは「才能が花ひらく」という表現を使う。才能を素質（生まれつきの能力）ではなく、ある時点での優れた能力という意味で使うとすれば「才能が花ひらく」ではなく「〝才能の芽〟が花ひらく」というのが正確な表現になるだろう。そうすると、次のような式で表せる。

素質（生まれつきの能力）＋生育環境＝才能の芽

素質に生育環境が足し合わされて才能の芽となるということだ。才能の芽とは可能性と言い換えてもいい。あの若者は才能を持っている――この言葉は正確に言うと、あの若者は才能の芽、すなわち可能性を持っているということだ。

№063

私は思う。若い時はやりたいことがたくさんある。音楽、演劇、また商売であったり料理であったり。やみくもに何の脈絡もなく、たくさんのことを目指す。そしてまた、若さが素晴らしく愚かであるところは、それがすべて自分に出来ると信じている。かといって、どんな事にも努力の及ばない才能というか資質というものがあって、それらすべてを成し遂げることは容易ではない。さらに、若い季節は短い。あれこれと手を出しているうちに時は過ぎゆく。もし、本当に才能というものがあるのだとして、その最低限の才能とは自分に出来ることを見つけることではなく、自分には出来ないことを発見できる目である。そして、最後に残ったものに全神経を集中すればなんとかなるものなのである。

イラストレーター
リリー・フランキー
『誰も知らない名言集』（情報センター出版局）

「できないこと」を発見する

ここに「自分はどういう可能性を持っているのか」と自問自答している20歳の若者がいるとしよう。可能性（才能の芽）はどうしたら見つかるのか？　リリー・フランキーは「自分に出来ることを見つけることではなく、自分には出来ないことを発見できる目」を持てと言う。

若いときには無限に時間があるように思ってしまうが、実はそうじゃないんだということがだんだんと分かってくる。同様に若いときには自分は何でもできそうに思ってしまうが、趣味レベルならともかく、仕事レベルで考えるとそうでもないんだということがだんだんと分かってくる。自分はオールマイティではなくてデコボコであることが、身に染みて分かってくるのだ。デコボコとは、得意なことと不得意なことの両方を併せ持っているという意味である。

一般的に自分の得意なことを発見するよりも、自分の不得意なことを発見する方がたやすい。自分の短所はすぐに思いつくけど、自分の長所はなかなか思いつかないのと似ている。

自分の得意なことは何だろうか？　友人や同僚から褒められたこと、友人や同僚達に比べて簡単にできてしまうことである。そう言われても多くの人はすぐに答えが出てこない。それには理由がある。

多くの場合、自分にとってそんなことはできて当たり前であり、他の人も自分と同じぐらいできるものと思っているからだ。また、得意なことに取り組むときほど、理想や目標を高く設定してしまい、逆に自分が「できない」ことばかりが気になってしまうからだ。

得意なことが分かったら、それが自分の可能性（才能の芽）である。可能性を留保することは可能性を殺すことであり、可能性に挑むことは可能性を活かすことである。そこに自分のエネルギーを集中する。その時点での能力と効率性が同等なら、より多くの時間を費やす者が勝つ。得意なことに時間を回せるように、そのほかのことは断念しなければならない。

№064

その二、三十人の中でぼくがいちばんうまかったから物書きになったか

というと、絶対違うんです。わずか二、三十人の中でもぼくより

うまかったのが最低でも五、六人はいました。その当時絶対に

ぼくより才能があった、その連中がひとりも物書きになっていないのは、

仕事とか家庭の問題とかであきらめただけなんです。

小説を書くということはそれほどむずかしいことでもないと思うんです。

ただ、書き続けるというか、書きたいという願望を

持ち続けられるかどうかがいちばんの問題点なんです。

これは小説家としての問題だけではなくて、夢を持ったときに、
どんなものでもいまの世の中は十年その願望を持ち続ければ、
必ず成就するというふうに思いますよ。十年間なにかに熱中するということは、
好きなことであっても実際にはなかなか難しい。逆にいうと、
十年がんばるという気持ちでいれば、たいてい成就します。

小説家
高橋克彦

『小説家―― 乱歩賞受賞作家の小説入門』（実業之日本社）

10年間続ける

10年間夢を持ち続けるとはどういうことか? それは、10年間「夢よかなえ!」と祈りながらじっとしていることではない。10年間夢に向かって努力し続けるということだ。10年間熱中し続けることだ。10年間がんばることだ。

10年間努力すること、10年間熱中すること、10年間がんばることは、大変なことだ。「私はどうしてもこれをやりたいんだ!」という熱い思いを持って突き進む人もいる。「これより他にやりたいことはない。だから、私はこれをやる」「やりたくないことをやりたくはない。だから、やりたいことをやるしかない」というような静かな思いでひたひたと進み続ける人もいる。これはその人のキャラクター次第である。

「1万時間の法則」という有名な法則がある。スポーツでも音楽でも何でも、何かに習熟して一流になるのに、人は1万時間の練習の積み上げが必要だという経験則である。1万時間とはどれくらいの時間だろうか? 毎日3時間、1日も休まずに365日間続けたとすると、1年で約1000時間になる。そうすると、10年で約1万時間という計算になる。可能性でしかなかった才能の芽が10年間の努力で花ひらく——これをまた式で表してみよう。

可能性（才能の芽）×10年＝才能

才能の芽を見つけ（A）、それを10年かけて大事に育て上げ、やがて才能が花ひらく（B）。AとBの時期は、スポーツ選手と一般人は異なっている。前者の場合、Aは1〜6歳頃、Bは15〜25歳頃であるのに対して、後者の場合、Aは20〜30歳頃、Bは30〜40歳頃になる。

付けくわえておきたいことがある。努力の末に花ひらいた才能は、決して盤石ではないってことだ。才能が枯渇するというフレーズもよく聞くではないか。実は才能というものは体力や筋力と同じで、増えたり減ったりするものだ。何もしなければしぼんでいく。才能とはある場面においてそのつど、現れてくるものにすぎない。

ということは、いくら盤石に見える才能でも、実は「いつ消滅してしまってもおかしくない才能」なのだ。努力の末に花ひらいた才能を維持、発展させていくためにはまた別次元の努力を必要とするということである。

№065

僕が若者に言えるのは、
「今の自分は何者でもないし、平凡な人間なのだ」と
まずは気がつくことが重要だということだ。
本来の意味の可能性はむしろ、そう気づいたところから始まる。

映画監督
押井守

『凡人として生きるということ』（幻冬舎新書）

量が質に転化する

お笑い芸人の山里亮太が書いた『天才はあきらめた』（朝日文庫）という本が話題になった。山里のこの本も押井守の『凡人として生きるということ』という本も「自分は天才ではない。凡人である」と気がついた人間がそこからいかにして這い上がっていくのかという努力論として読める。『押井守全仕事　リミックス』（キネマ旬報社）の中に「押井守と金子修介の対談」が掲載されており、金子が押井に「若い頃にどれくらいの映画を見たのか」を聞くくだりがある。

まあこんなものだろうという感じで金子が「一年に三〇〇本くらい見たんですか」と聞くと、押井は次のように答える。「……もっとだよ。……八〇〇とか千本とか見た年もある。そのころって三本立てがほとんどだったから、立ち見だともう手足が腫んでくる（笑）。当時は三本立ち見しても平気な体力があったんだね。三館はしごしたこともあるもん。三本立て見てオールナイト五本見てとか。とにかくよく見た」。

蓄積が半端ではない。まさに「量が質に転化する」という名言を思い出す。たとえば映画の世界を目指していると言う若者に対して、押井ならこんなことを言いそうだ。

「今のお前はまだ何者でもない。どこにでもいる、凡庸で、個性のない人間だ。かなりの確率でお前は天才ではない、凡人だ。天才じゃなくて、凡人なんだから、せめてこれぐらいの量の映画は見ておいたらどうだ。それでやっとスタートラインに立てるんじゃないか」

あの若者は可能性を持っている——これはポジティブな表現である。しかしこれは逆に、あの若者は可能性しか持っていないともいえる。**可能性を才能に昇華させるためには努力が必要だ。**努力の大事な要素は量であり、質を担保するのは結局のところ量なのである。

ただし、押井は年間に八〇〇本とか千本の映画を見たことをきっと努力とは言わないだろう。世間的な意味での努力、つまり歯を食いしばって続ける努力とは違う。努力には、何の苦もなく自然に続けられるという面もあるのだ。

№066

きみがいまに才能を持つようになるかどうか、
それは私にはわからない。（中略）
若いきみに教えておくが、
次の一事を忘れてはいけない。
才能とは（中略）長い辛抱にほかならない、
ということを。精を出したまえ。

作家 モーパッサン

「ピエールとジャン」（『世界文学全集第11巻』河出書房新社）

№067

わたしは、何も一番じゃないんです。

元サッカー女子日本代表

澤穂希

『勇気をくれる 後ろ向き名言』（鉄人社）

特別な能力のない人の勝ち方

２０１１年ＦＩＦＡ女子Ｗ杯ドイツ大会で得点王とＭＶＰを獲得した澤穂希という選手は、取り立てて足が速いわけではないし、敏捷性に優れているわけでもない。サッカー経験のない私から見ても、飛び抜けた能力がない選手に見える。実際、なでしこジャパン（女子日本代表）の合宿で実施されていた運動能力テスト（持久力や走力、敏捷性、跳躍力、パワーなど）において、澤はどの種目でもトップになったことがないという。なでしこジャパンの中の澤穂希という選手は「飛び抜けて得意な種目もなければ、飛び抜けて苦手な種目もない、〝平均点のサッカー選手〟」というようにいわれる。「何も一番じゃない」澤が、なぜ「世界で一番」になれたのか。

元日本代表ＭＦ長谷部誠は単純なパワー、スピード、スタミナという点だけでトップレベルの選手と比べると見劣りする。日本人として史上二人目のＮＢＡ選手になった渡邊雄太も、オフェンス力だけで見れば「アメリカにはいくらでもいるレベル」だと言われる。飛び抜けた能力がない選手が、なぜ世界のトップで活躍できるのか？　分析をしてみると次のようにまとめられる。

① **ＩＱが高いこと。**身体能力の不足を頭脳で補っているのだ。

② **視野が広いこと。**「頭の後ろにも目がついている」「鳥が上空から俯瞰している」と言われるようなプレーをする。

③ **献身的な守備をすること。**オフェンス力は身体能力に依存するが、ディフェンスはメンタルに依存する部分が大きい。

④ **ポリバレントな選手であること。**つまり、複数のポジションと複数の役割を臨機応変にこなせることだ。

⑤ **連係プレーに長けていること。**自分一人でできることの限界をわきまえているので、上手に他の選手を使うし、上手に自分を使ってもらえるような工夫をする。

特別な能力のない人であっても落ちこむ必要はない。ＩＱ（知能指数）の足りないところはＥＱ（Emotional Intelligence Quotient：心の知能指数）で補おう。物事を大局的に見る訓練をしよう。人が面倒くさがること、いやがることを引き受けよう。複数の専門性を持とう。「一本！」が無理なら「合わせ技一本！」を狙おう。「お願い名人、頼まれ上手」になろう。

№068

ぜんそくは人生の武器になる。

スピードスケート選手
清水宏保

「ロケットトーク」『朝日新聞』(2010年3月30日夕刊)

弱さを強さに変える

現在スポーツキャスターやタレントとして活躍している清水は、1998年長野五輪で金メダル1個と銅メダル1個、2002年ソルトレークシティ五輪で銀メダルを獲得している。そんなスーパーアスリートの清水が、じつは子どものころからぜんそくを患っていたという。

スポーツ選手にとってぜんそくは致命傷であり、ぜんそく持ちが一流のアスリートになれるはずがないように思う。しかし、どうもそうではないようだ。致命傷でないどころか、それを逆手にとって「人生の武器」になるとまで清水は言うのだ。その意味するところは次の通りである。

ぜんそくという病気を抱えた人は、健常者よりもすべてにおいて繊細になれる。環境の変化を敏感に感じ取り、自分の五感を研ぎ澄ませることで並外れた順応力が身につけられる。当然のことながら、ぜんそく持ちは常に心肺に意識がいく。それが内臓や筋繊維と対話するような次元に達し、それによって身体能力や運動能力が向上する。

清水の名言を聞いてある知り合いを思い出した。その彼は高校を卒業して会社に入ったものの、先輩や同僚の半分ぐらいは大卒、後から入社してくる人に至っては大卒ばかり、自分の学歴に大いなるコンプレックスを抱えていた。もちろん「オレはしょせん高卒だから……」とふてくされて仕事をしている同僚もいた。しかし、彼はそのコンプレックスをバネにした。一念発起して通信制の大学に入って勉強を始めたのだ。大学を卒業した彼はそのまま大学院に進んで修士課程を終えた。コンプレックスだって使いようである。彼の人生を見ていて思うのは、コンプレックスは武器になるってことだ。

№069

グーみたいな奴がいて
チョキみたいな奴もいて
パーみたいな奴もいる
誰が一番強いか答えを知ってる奴はいるか？

漫画『宇宙兄弟』南波六太
（小山宙哉、モーニングKC）

№070

神よ、
変えることのできるものについて、
それを変えるだけの勇気《カレイジ》をわれらに与えたまえ。
変えることのできないものについては、
それを受けいれるだけの冷静《セレニティ》さを与えたまえ。
そして、
変えることのできるものと、変えることのできないものとを
識別する知恵《ウイズダム》を与えたまえ。

神学者 ラインホールド・ニーバー
『終末論的考察』（大木英夫、中央公論社）

№071-077

「本当の自分」はどこにいる？

11

№071

「ほんとうの自分」とは
「ほんとうの世界」（＝真の世界）という観念と同じで、
どこにも存在しません。

哲学者
竹田青嗣

『自分探しの哲学』（主婦の友社）

「本当の自分」という神話

人生がうまくいっているときは、「本当の自分」なんて言葉は出てこない。人生がうまくいっていなくて、自分の置かれた状況で悩み苦しみ、そこから逃避したいと思ったときにこそ、この言葉がわき上がってくる。

辞書を引いてみると分かるように「本当」の反対語は「偽り」である。よって「本当の自分」の反対語は「偽りの自分」ということになる。こう考えていくと「いま、ここにいる自分は『本当の自分』ではない」とは、つまり「いま、ここにいる自分は『偽りの自分』である」ということになる。

竹田が言うように、「本当の世界」がどこにも存在しないのと同様、「本当の自分」なんてものはどこにも存在しない。存在しないもの同士の言葉遊びであるからして、「本当の世界」にさえ行けば「本当の自分」になれるのではないかという考え方は間違っている。人生をよい方向に転がしていくための足かせになるという意味で間違っているのだ。

「本当の自分」という言葉は次のようなイメージに支えられている。

自分の中にはもうすでに確固たる才能――金塊やダイヤモンドが埋めこまれているかのように――が眠っている。しかし、自分を取り巻いている諸状況（家族や学校、会社）によって抑圧されているために、自分はそれを取り出すことができず、自分の才能が発揮できないでいる。抑圧に満ち満ちた世界（＝偽りの世界）を離れ、抑圧のない世界（＝本当の世界）に行けば、「偽りの自分」は「本当の自分」に生まれ変わって幸福になれる。

これは間違ったイメージである。

私たちは自分の現状に不満を覚えるとき、それは自分のせいではなく、自分を取り巻いている環境のせいだと考えてしまう。それは親のせいだ、会社のせいだ、社会のせいだと思いこみがちである。

確かに今の自分の状況は親や会社や社会のせいでもあるかもしれない。しかし、その反面、それらのおかげでもある。「おかげ」を見ずに「せい」だけを見て、別のところへ逃げても人生は好転しない。遠い世界で「本当の自分」を安直に見つけようとするのではなく、いま自分が立っている、この世界をベースにしながら、時間をかけて自分を作りあげていくしかない。

№072

個は個として存在しているのではなく
あくまでだれかとの関係のなかで成立するもの。

思想史学者
原和之

『「個性」はこの世界に本当に必要なものなのか』
（東京大学教養部×博報堂ブランドデザイン著、アスキー新書）

実体ではなく関係を通じた現れ

自分とは自分単独で存在しているのではなく、あくまでも自分以外の誰か、あるいは何かとの関係の中で成立するものであり、誰かに、何かにどういう対応をするかで現れてくるものだ。

別の言い方をすると、実体的――それ自身によって存在し、その存在のために他の何ものも必要としないもの――な自分というものがまずあって自分以外の誰かあるいは何かと関係を取り結ぶと考えるのではなく、自分でないものとの関係によって現れてくるものが自分であるということだ。

この本を書いている私について考えてみる。本書では111の名言を引用しつつ、それについて解説したり、それに関連して思いついたことを書き連ねたりしている。私一人の力で書いているのではないという意味で私は実体的ではなく、多くの人の力を借りて書いているという意味で関係的だ。

もう少しいえば、私の言葉が他者の言葉を語り直しているのか、他者が私の言葉を通して語っているのかは定かではない。そう考えると、私と他者の境界がぼやけ、曖昧なものであることが分かる。

№073

人間は決して唯一無二の「(分割不可能な)個人individial」ではない。
複数の「(分割可能な)分人dividual」である。

小説家
平野啓一郎

『私とは何か「個人」から「分人」へ』(講談社現代新書)

自分は多面体である

平野は分人主義を提唱している。「分人」とは、ひとりの人間には様々な顔があり、その複数の分人のすべてが「本当の自分」である、という考え方だ。

自分の生活全体を思い浮かべてみたとき、私たちはいろんな顔を持っている。家庭内での顔、会社での顔、地域社会での顔、趣味の世界での顔、行きつけの飲み屋での顔、インターネットでの顔……というように、いくつもの顔を持っている。もっと細かいことを言えば、両親に見せる顔、祖父母に見せる顔、兄弟姉妹に見せる顔、子どもに見せる顔……これらもみんな異なっている。これは人間が関係的存在だからである。どれが「本当の自分」なのかと問うても無駄である。すべてが「本当の自分」である。

私たちはついつい自分の核に唯一無二の「本当の自分」があって、そのまわりに多様な役割を演じるためのいくつかの自分(偽りの自分)を持っていると考えがちである。しかし、これは間違いである。対人関係ごとに見せる複数の顔がすべて「本当の自分」である。要するに、自分とはいつも状況的なのである。

№074

そもそも世の中に「本当にオリジナルなもの」なんて存在しないと思うんですよね。たとえば、誰もが「言葉」をしゃべって「自分の考え」を表現しているけど、そもそも「言葉」っていうモノも、自分で作ったものじゃないですよね。（中略）全部、外から聞いて覚えたものですよね。「自分という存在」もよそからいろいろ持ってきたり、他者から持ってきたもので、それらの〝組み合わせ〟でできていると思うんです。だから、「自分」という存在も、「他者からの寄せ集め」なんですよね。（中略）だから、逆に言うと、今日これから何か新しい素材を自分に取り込んで、別のものに「変態」することだってできるわけですね。「揺るぎない一個の自分」よりさまざまに「変態（メタモルフォーズ）」していって、自分をリミックスすることだってできるわけです。

哲学者
千葉雅也

『哲子の部屋III：〝本当の自分〟って何？』（河出書房新社）

自分は生成変化していく

千葉雅也はこの本の中で変態という言葉を使って、自己のあり方を語っている。ここで言う変態とは変態性欲（性的倒錯があって、性行動が普通とは異なっている）という意味ではなくて、形態が変わるという意味である。つまり、人間は固定されたまま変わらない存在ではなく、常に何かから何かへと変わっていく存在だと言っているのだ。

すでに述べたように、人間は実体的な存在ではなくて関係的な存在である。したがって、自分が付き合う人や自分が生活する自然あるいは社会環境が変化することによって自分が変化していくし、また、自分が「こういうふうに変わりたい」と思って実際に変わっていくこともある。

アイデンティティ（＝自己同一性）とは「自分という存在の独自性についての自覚」（『〈第六版〉新明解国語辞典』）であり、持続的で統合された自己イメージを持っている。これまでは、持続的で統合された自己イメージが持てない人は不幸だと考えられていた。しかし、こういう考え方は揺らいでいる。

昔に比べて今は、一個人が関係できる人の数が圧倒的に多くなった。また、多種多様な人間と知り合いになることも簡単になった。交通機関の発達やインターネットの普及によってである。また、人生が長くなればなるほど、自分のアイデンティティは自分で主体的に作っていける部分が大きくなる。こんなふうに変わってくると、固定的なアイデンティティしか持てない人間は不適応を起こしかねないし、限定的なアイデンティティしか持てない人は社会的相互作用が限られてしまうために、個人の発達が妨げられてしまう。これからの時代、自閉的ではなく開放的なスタンスで主体的に「柔軟かつ多様性」を持ったアイデンティティを作っていく必要があるだろう。

№075

「本当の自分」の実感は
「自由」と「承認」の交差点に生み出される。
「自由」と「承認」のいずれかが欠けているところでは、
「本当の自分」が実感されることはない。
逆に、「自由」と「承認」が出会った場所にこそ、
「本当の自分」は現われる。

作家
山竹伸二

『「本当の自分」の現象学』(NHK出版)

自由、能力の発揮、承認

今の自分は「本当の自分」ではない。こういう嘆きに対して「『本当の自分』なんてものは幻想だ。そんなものは自分の内側を探したって、外側を探したって見つかりはしない」ということが言われる。基本的にこれは正しいと思うが、そこで終わってしまうと「今の自分は『本当の自分』ではない」と苦悩している人は途方にくれるしかない。

じゃあどうするか？　どんなときに「今の自分は『本当の自分』ではない」という言葉が出てくるのかを考えてみよう。それは、自分が充実感を得られないときである。では、どうして充実感を得られないのか？　山竹は「自由」と「承認」が欠けているからだと述べる。

一つ目の「自由」とは誰か他の人の意志ではなくて、自分の意志で行動していると思える状態を指している。誰か別の人（たとえば親や先生）の意志のままに動くロボットのような生き方をしていれば、今の自分は「本当の自分」ではないと感じてしまう。

もちろん、自分の意志とは言っても、他の何からも影響を受けない、完全に自分の意志なんてものは存在しない。他人からの指示やアドバイスが出発点であってもいい。それを自分が了解、納得した上で自分が行動できれば、その行動の中には自由の感覚が存在する。

二つ目の「承認」とは、他者からの承認によって自分に価値があることを確信できるような状態を指している。人間は自分で自分の存在に意味を与えられない限界を持った存在なのだ。会社や学校などの集団の中で十分な承認が得られている状況では「私には居場所がある」という感覚を持てるが、承認が得られなければ「私には居場所がない」という感覚しか持てない。


さて、私は山竹が示した「自由」と「承認」という要素のほかに「能力の発揮」という要素をつけ加えたいと思う。というのも、私の職業人生を振り返ったとき、「自由」と「承認」の要素が満たされている状況——誰から強制されたわけでもなく私がその仕事を選んだのであり、職場の中では「しっかりと仕事ができており、十分な戦力になっている」評価を得ている状況——であっても、「今の自分は『本当の自分』ではない」と感じていたことがあったからだ。

なぜそう思ったのかを分析してみると、要するに「物足りない」ということに至る。自分の能力の一部分しか発揮できていないというか、自分の能力(顕在能力+潜在能力)を十分に発揮できていないという心境である。

まとめよう。自由、能力の発揮、承認が出会った場所に「本当の自分」は現れる。ただし、自分は今、そういう理想的な状況にいないことを嘆く必要はない。そんな人はいない。すべての人は現実から理想をめざして、日々、生きている。

№076

自分の仲間の者達によって
存在を認めてもらいたい、
注目してもらいたい、尊敬してもらいたい、
賞賛してもらいたい、愛してもらいたい、
賛美してもらいたいという願望は、
人間の心の中に発見される、
もっとも強烈にして、
しかもごく小さい時から内在している
人間の気質の一つである。

アメリカ合衆国第二代大統領　ジョン・アダムズ

『世界名言集』(岡田春馬編訳、近代文芸社)

承認欲求は否定すべきか？

人間が社会的存在である限り、承認欲求から解放される術はない。人間誰しも褒められれば嬉しいし、貶されれば悲しくなる。他者からの承認がなくても生物的には生きていくことはできるだろうが、人間的に生きていくことはできない。人間にとって承認欲求は根源的であるが故に不可避的であるから、上手にこれと付き合っていくしかない。

近年、他者からの承認を求めることを敢えて否定するという理論が流行している。論拠の流れは次の通りである。「私たちは他者の期待を満たすために生きているのではない。他者からの承認を求めることは他者による評価を気にしている証拠であり、結局のところ、これは自分の人生を自分が生きるのではなく、他者の人生を自分が生きることになってしまう」。

これはどういう状況にある、どのような人に有効な理論だろうか？　二つの例を挙げてみる。

一つは、支配的な親や先生の期待を先取りして行動する子ども、あるいは彼ら彼女らの言う通りに行動する子どもである。親や先生と子どもは「支配する者と支配される者」の関係にあって、子どもは大人のロボットになっている。こういう状況であれば確かに子どもは自分自身の人生を生きているとはいえない。

もう一つは、自分の日常生活をインターネットの世界に絶え間なく投稿し続け、無限の「いいね！」やフォロワーを欲しがる子どもである。承認欲求が過剰であり、刹那的であるのが特徴だ。自分がインターネットを支配しているのではなく、インターネットに支配されているという意味で中毒患者である。そんなことに時間を使う暇があったら、もっと他にやるべきことがあるのではないか。「やりたいことをやっているのだから、文句を言われる筋合いはない」と言うかもしれないが、別の見方をすればインターネットの支配下にある奴隷でもあり、やはりそういう子どもは自分自身の人生を生きているとはいえない。

いずれの例も自律していない子どもに起きる事例であり、不健全な承認欲求と呼んでもいい。しかし、だからといって「他者からの承認を求めることを敢えて否定する」という理論を自律している大人の一般的な行為全体にまで広げるのは無理がある。どんな仕事であっても相手（上司や同僚や、取引先）の期待に応えるように行動するのは基本中の基本であり、相手が「して欲しいこと」と自分の「やりたいこと」を上手に調整しながらよりよいものを提供するのが仕事ではないか。
いずれにせよ、群れをつくって行動せざるをえない人間に対して承認欲求を棄てろというのは不可能である。一人ひとりができるだけ健全な承認欲求を持てるよう、心がけるしかない。

№077

現実の労働はそのつどつねに承認欲望に包まれている。
労働の喜びは、承認欲望の充足である。
この承認欲望を情熱的に求めるがゆえに、
労働者や職人は、苛酷な労働にも「耐える」ことができる。
忍耐と喜びの関係は、承認欲望によって結合される。

哲学者 今村仁司
『近代の労働観』（岩波新書）

かつて承認欲求という言葉は一部の研究者だけが使う専門用語だった。しかし近年、専門家だけでなく一般の人も使うような普通の言葉になった。何と言っても、SNS（ソーシャル・ネットワーキング・サービス）の登場が大きい。フェイスブックやツイッター、インスタグラム、ブログ、YouTubeなどのアクセス数、フォロワー数、「いいね」の数、再生回数によって、自分がみんなにどれくらい評価、承認されているかを確認できる。

リアルな世界における承認に比べると、ネットの世界における承認は数字で示されるという点で分かりやすい。また、限られた人だけでなく、世界中の人に自分の存在を認めてもらえる可能性があるという点でも魅力的である。さらに、リアルな世界での承認の不足をネットの世界で補うことができるという側面も持っている。

なぜ、人は他者の承認を求めるのか。それは自分の存在価値を確認したいからである。人間は自分で自分の存在価値を十二分に確認することはできない。自己承認は自己満足である可能性がぬぐえないからだ。

そこで人は、他者の承認を経由することで自己を承認し、自分の存在価値を確認する。「存在価値」は「自分がこの世に存在している意味」と重なる。承認への欲望とは「生きる意味」への欲望なのである（山竹伸二『「認められたい」の正体』講談社現代新書）。

山竹伸二は承認欲望を、**①親和的承認**、**②集団的承認**、**③一般的承認**の三つに分類する。簡単に説明してみよう。

①親和的承認とは「ありのままの私」を認めてもらうことであり、身近な人から私の存在そのものの価値を受け容れてもらうことである。身近な人とは家族や恋人、親友などであり、山竹は親和的他者と呼ぶ。こういう親和的他者が親身になって話を聞いてくれたり、優しく抱きしめてくれたりするとき、私たちは自分が相手にとって意味のある存在だと感じられ、自己価値が承認されていると実感できる。

②集団的承認と③一般的承認とは、私の持っている知識や技術を活かしてその集団や社会にとって価値ある行為をすることで、私の存在価値を認めてもらうことである。親和的承認では「……にいる」ことだけで承認される面が強いのに対して、社会的承認では「……ができる」ことで承認されるという違いがある。

②集団的承認と③一般的承認の違いは、対象となる範囲が特定の集団内か、一般社会かという違いである。②集団的承認の相手は職場の同僚や学校の仲間であり、③一般的承認の相手は自分が属する組織の中で接するような現実の他者ではなく、見知らぬ大勢の他者である。

本書の主眼は「働く」ことであり、これは主に②集団的承認に関わることである。集団的承認が十分に得られている状況で働いている人は「集団の中に居場所がある」ように感じられるし、逆の場合は「集団の中に居場所がない」ように感じてしまう。後者のような場合、働くこと自体がどうしようもなく辛い。そういう場合毎日をどのようにやり過ごしたらいいのだろうか？　どのようにしてその状況を打破していったらいいのだろうか？　対処の仕方は2つあるように思う。

一つは、親和的承認で集団的承認の不足を補うという方法だ。学校や職場で十分な承認が得られない場合であっても、家族や恋人、親友から慰められれば気を取り直して何とかやっていくことができる。これは誰でも思い当たる節があるだろう。

もう一つは、一般的承認の視点によって集団的承認の不足を相対化していく方法だ。集団的他者から十分な承認が得られないような状況——たとえば10人ぐらいの職場で上司や同僚から評価されていないような状況――に陥っている状況を想像してみる。

こういうとき、もしも一般的他者の視点を持っている人であれば集団的他者からの評価を相対化することができる。「自分はこの組織の中で評価はされていないが、一般的な視点に立てばそうでもない」「この組織はともかくとして、別の組織であればもう少し高い評価が得られるはずだ」と考えることができる。そう思うことで、上司や同僚に反論することも可能であろうし、場合によっては転職する勇気も湧いてくるはずだ。一方、一般的他者の視点を持っていない人だと、その集団における自分の評価が唯一で絶対的だと思いこみ、針の筵《むしろ》状態の中で精神的に追い詰められていくことになる。

ではどうしたら一般的他者の視点を持てるのか？　視野を広げるしかない。本を読むことはもちろんのこと、自分の所属する集団以外の友人や知人をたくさん持つことだ。組織によって価値観、信念、目標、期待される態度、行動規範などは異なっている。

№078-089

12

何のために働くのか？

№078

与えられた持ち場で、目の前の仕事に挑みながら
「カセギ」と「ツトメ」の両立を実現する。
さらに、その延長線上で、
世の中をよりよい方向に変えるために力を尽くす。
それが働くということではないか。

評論家
寺島実郎

『何のために働くのか～自分を創る生き方～』（文春新書）

「カセギ」と「ツトメ」

18歳以上の日本人に働く目的を聞いた内閣府調査（平成28年実施）を見てみると、「お金を得るために働く」と答えた者の割合が53・2％、「社会の一員として、務めを果たすために働く」と答えた者の割合が14・4％、「自分の才能や能力を発揮するために働く」と答えた者の割合が8・4％、「生きがいを見つけるために働く」と答えた者の割合が19・9％となっている。

約半分の人が働く目的はお金を得るためと答えているからそれが正しい（多数決主義）わけではなく、また「人それぞれでいいじゃないか」（相対主義）というのも好ましくはない。

寺島は「何のために働くのか」という問いに対して、**働くことは、「カセギ」（お金を稼ぐこと）であると同時に「ツトメ」（その人の役目として当然しなければならないこと）である**と示したうえで、「世の中をよりよい方向に変えるために力を尽くす」という意義を付けくわえている。

二つ目と三つ目は社会のためという点で一つ目の「カセギ」とは異なる。ただし「ツトメ」はどこか消極的で受動的な感じがするのに対して、「世の中をよりよい方向に変えるために力を尽くす」は積極的で能動的な感じがする。

№079

職業を観察すると、職業というものは
要するに人のためにするものだという事に、
どうしても根本義をおかなければなりません。
人のためにする結果が己のためになるのだから、
元はどうしても他人本位である。

小説家
夏目漱石

「道楽と職業」『私の個人主義』（講談社学術文庫）

自己本位と他人本位

仕事は「他人のために」何かをすることである。老人ホームで働く人は、入居者である高齢者のために仕事をしている。自動車をつくっている人は、自動車を買ってくれる人のためにつくっている。逆に、ひとり暮らしの人が自分のためだけにやる家事は仕事とは言わない。要するに仕事は「他人のために」なされるものだ。

お金を稼げるのは仕事の対価としてお金を支払ってくれる他人がいるからであり、やりがいを感じるのは自分の仕事に対して感謝の気持ちを表現してくれる他人がいるからである。どうやったって他人が出てくる。仕事は「他人（または社会）のために」することであり、結果として「自分のために」もなるという順番を理解するべきだろう。

働くとは「傍を楽にすること」だという。他人を楽にするために力を尽くすのだから、自分が楽になるはずはない。だから、働くことは楽よりも苦に近い。しかし、楽ではないから楽しくないとはいえない。なぜなら必ずしも「楽＝楽しい」ではなく、「苦＝楽しい」場合もあるからだ。

もちろん、**働く楽しさは遊ぶ楽しさとは別の種類の楽しさである。**働く楽しさとは、他人の要請や注文に応答すること、仕事を終えた後に相手から感謝やねぎらいの言葉をもらい、それによって自分の価値を実感できるというプロセスの中に存在する。

本書の「はじめに」で、「仕事とは自分の能力や興味、価値観を表現するものである。そうでなければ、仕事は退屈で無意味なものになってしまう」という名言を紹介した。これだけを読むと、まるで仕事が自己表現を第一の目的とする活動であるかのように思えてくる。しかし、もとの文意はどうであれ、私はそのようには考えない。

仕事と趣味の違いを考えると分かりやすい。趣味は自分発の活動であり、何をどのようにやるかは自分任せ、その出来映えも他人にとやかく言われる筋合いはなく、自分が満足しさえすればいい。要するに自己表現、自己満足でかまわない。

一方の仕事は基本的に他者の依頼に応えるものであり、言ってみれば他人発の行為だ。ゆえに、誰のために、何をどのようにするかは他者の意向に沿う必要があり、その出来映えは他者から厳しく問われる。自分が満足するかはどうでもよく、依頼主が満足しなければ成立しない。

つまり、「仕事とは自分の能力や興味、価値観を表現するものだ」という意味は、仕事の後に「自分の能力や興味、価値観」がその人の限界として表れてくるものだと理解すべきであろう。

№080

仕事の多くは他人のためになされているものなんだ。君の生活が他人の仕事によって支えられているように、君は自分の仕事によって他人の生活を支えなければならないんだよ。

哲学者　竹内聖一

『哲学はじめの一歩　働く』（立正大学文学部哲学科編、春風社）

私たちの日々の生活は無数の他者の仕事によって支えられている。別の言い方をすれば、私たち一人ひとりは他人の仕事の成果に依存して毎日の生活を送っている。二四時間、自分が使っているものや食べているものなどを思い浮かべてみれば分かる。水道、電気、ガス、道路、自動車、自転車、ご飯やパン、肉や魚、野菜や果物、服や靴、スマホやパソコン……何一つ自分で作ったものはない。

あなたの生活が他人の仕事によって支えられているのだから、あなたは自分の仕事によって他人の生活を支えなければいけない。これは一つの分かりやすい論理である。

№081

労働はほんらい「贈りもの」である。
すでに受けとった「贈りもの」に対する反対給付の債務履行なのである。

哲学者
内田樹

『ひとりでは生きられないのも芸のうち』(文藝春秋)

伝え合いとしての仕事

私たちは皆、この世に生まれた瞬間から学校を卒業するまでの十数年間、家族によるケア労働（育児や家事）は言うに及ばず、無数の他者の労働によって生かされてきた。それは「贈りもの」であるから、はたと気がついた時に私は債務者である。であるからして、学校を卒業して働き始めるということは累積した債務を返済していく立場に変わったということである。内田樹は「何かを贈与されたときに『返礼せねば』という反対給付義務を感じるもののことを『人間』と呼ぶ」（『困難な成熟』夜間飛行）と言っている。

働き始めることとは、人間社会の「関係の網の目」の中に参入し、自分に適した結び目の一つを担当することである。この「関係の網の目」は空間的な広がりをもつと同時に、過去・現在・未来という時間的な流れの中に位置する。関係の網の目の一つの結び目が自分の受け持つ仕事であり、それは空間的、時間的な広がりの中にある。同世代、過去の世代、将来の世代と共に私はいるという連帯感を覚えることは幸福感の一つの要素だ。

No.082

先行する世代から贈られたものを
《借り》とし、それに自分がつくったものを
加えて、あとから来る世代に
贈るかたちで、その《借り》を返す
——これによって、個人の歴史は、
より大きい歴史、永遠に続いていく人類の
歴史につながっていくのだ。
そうなったら、
もはや自分が死ぬことを嘆くこともない。
こうしたかたちで
後世へ命をつないでいく喜びは、
死の苦しみに勝るのだ。
前の世代に対する《借り》を次の世代に返す。
それはまさに、自分を超えて、
自分が生きつづけることである。
いつかは死すべき個人にとって、
はたしてこれ以上の喜びがあるだろうか？

哲学者 ナタリー・サルトゥー＝ラジュ

『借りの哲学（atプラス叢書06）』（太田出版）

№083

働くなかで、
私たちは世界に爪あとを残してゆく。
それは、運がよければ、
私たち自身よりも長く残るものであり、
私たちが生きたという
事実を証言するものとなる。

哲学者 ラース・スヴェンセン

『働くことの哲学』（紀伊國屋書店）

№084

働くことは、私たちを三つの大きな不幸から
遠ざけてくれます。
三つの不幸とは、退屈と堕落と貧乏です。

哲学者
ヴォルテール
『カンディード』（光文社古典新訳文庫）

三つの不幸から遠ざけてくれる

気分転換のために本を何冊か抱えて、大型ショッピングセンターに行くことがある。そうすると、70代前後の男性高齢者をよく見かける。注意深く観察してみると、三種類の高齢者に分けられそうだ。

一人目は、ソファーに深々と腰を下ろしている男性である。本を読んでいる人は少数で、居眠りをしている人の方が多い。二人目は、ゲームセンターで遊んでいる高齢者である。パチンコよりも安く遊べるメダルゲームをやっている人が多い。三人目は、カート回収のアルバイトをしている人だ。つながったカートをまっすぐに保ちながら移動させるのはなかなか難しそうだ。

もちろん、家の中に閉じこもっているよりも、ショッピングセンターで時間を過ごすほうが望ましいように思う。他人の視線からまったく遮断された環境にいると人は服装に無頓着になるし、どこかだらしなくなる。

では、三つのパターンでどれが一番望ましい生活だろうか。まず、一人目よりも三人目のほうが好ましいように私は思う。ラッセルは『幸福論』（岩波文庫）の中でこう言っている。「仕事するときに感じる退屈はその日にやらねばならないことがなにもないときに感じる退屈と比べるなら、ゼロに等しい」と。カート回収という作業はクリエイティブな仕事ではないかもしれない。刺激的ではなくて退屈な仕事であろう。しかし、ずっとソファーに座っていて感じる退屈よりも数段よい退屈のような気がする。

では、二人目と三人目はどうだろうか？　メダルゲームを半日（4時間）やり続けるのは無理だろう。第一お金が続かない。それと比べたとき、カート回収という仕事はお金が稼げる。加えて運動にもなる。社会の中で役割を果たしているという満足感も得られる。

一部の学者は働くことのマイナス面にフォーカスするあまり、働くことから得られる満足を無視してしまう。もちろん仕事によって健康を損ねる人もいるが、逆に失業で健康を損ねる人もいる。前者よりも後者のほうが多いことを考えると、**働くことは私たちの心身両面の健康に役立っている**。総じて、働いている高齢者のほうが働いていない高齢者よりも健康で長生きである。

№085

精神がなにかの都合で不幸にも平静さを
失ったとして、社交と会話はそれを取りもどす
もっとも強力な救済手段である。
とともにそれは、自己満足と楽しみを
得るのに必要とされる、落ち着いた
幸福な気持の最善の維持手段である。
悲嘆や憤慨に見舞われたとき、家に坐してくよくよ考えがちな隠退と思索の人は、
しばしば人間愛、寛容、立派な名誉心に
秀でているかもしれないが、
それでも、世間慣れした人びとが
普通に備えている、気持ちの安定感を
めったにもっていないのである。

哲学者・経済学者 アダム・スミス
『道徳感情論』（長谷川宏『幸福とは何か』中公新書）

№086

人は仕事を通して多くの人たちと出会い、協力し合い、
あるいは競い合うことで社会的存在としての自分を見出していきます。
労働は社会的な存在としての人間にとって、
きわめて重要な絆をもたらす意味をもっているはずです。

経済学者
武田晴人
『仕事と日本人』（ちくま新書）

仕事の究極的根拠

人間は社会的動物である。人間はいちおう個人として存在していても、その個人が唯一的に存在して生活しているのではなく、絶えず他者との関係において存在しているということだ。

人はなぜ働くのか？　お金のため、やりがいのため、成長のため、務めを果たすため……いろんな理由を挙げることはできるが、究極的な根拠は何かと問えば、それは人間が社会的存在であるというところに行き着く（小浜逸郎『人間はなぜ働かなくてはならないのか』洋泉社）。

理由の一つ目は、すでに見た通り、仕事は他者に向けられた行為だということ。自分の仕事によって生まれた生産物、それによってなされるサービスは自分以外の他者に向けられている。

二つ目は、私の仕事が仕事として成立するためには、他者の生産物やサービスを必要とするということだ。また、私の仕事によって生まれた生産物や私のサービスは消費者に届けられる場合（いわゆる「B to C」）だけでなく、別の人がそれを利用して自分の仕事をする場合（いわゆる「B to B」）もある。私の仕事は人の仕事と人の仕事の間にあるのだ。

三つ目は、仕事それ自体がリアルな人間関係の形成を仲立ちすることだ。仕事の指示を出したり出されたり、何かを教えたり教えられたり、打ち合わせをしたりする中でリアルな人間関係が生まれ、広がり、深まっていく。

№087

仮に、（そんなことはありえないが）すべての人が一生働かずに暮らせるような社会状態が永久的に実現されたとする。そのとき、すべての人が働くことをやめてしまうだろうか。私にはどうもそう思えない。（中略）

人が働くことをやめないのは、たぶん働くことが、人がこの世界を自分になじませ、自分をこの世界になじませる一番てっとりばやい手立てだからである。日々の起居のなかに働くリズムが呼吸のように入り込むことによって、私たちは世界や他者と、全面的にではないにしても、融和し、その手触りを知り、そしてそれによって自分の生というものに節目のあるイメージを与えることができるのである。

評論家　小浜逸郎

『家族を考える30日』（JICC出版局）

50年か、100年ぐらい先に、AI（人工知能）やロボットの普及、ベーシックインカム（すべての人に最低限の生活費を一律に給付する制度）の導入によって、会社で働くこと（有償の仕事）をしなくても最低限度の生活はできるような社会になったとしよう。そうなったとき、多くの日本人は何を考え、どう動くのだろうか？

小浜は「働くことが、人がこの世界を自分になじませ、自分をこの世界になじませる一番てっとりばやい手立て」であると考え、「マジョリティの人々は、やっぱり何らかの働く道すじや意味を見つけて働き続けるのではないか」というように予想する。

私も同感である。人間は仕事を通じてはじめて自分の力と限界に向き合うことができる。遊びや趣味は自己満足の世界であり、他者からの厳しい評価に晒されない分、仕事のようにはいかない。甘えが許されない、ぎりぎりのところで自分の力と限界に向き合えた時に、人間は自分のアイデンティティをはっきりとつかむことができる。

もちろん、家庭の中で営まれる無償の仕事（家事や育児、介護）でも自己実現は不可能ではないし、他者からの承認が得られないわけでもない。しかし、働く必要がない専業主婦でさえも「働くことで社会との接点を持ちたい」と考え、仕事に出る人が多数であることを見ると、家事や育児、介護だけでは自分のアイデンティティを支えきれないのだ。また、家庭を持つ人ばかりではないし、家庭の中で営まれる無償の仕事が生涯にわたってずっと続くものではない。要するに、今の時代を生きている普通の日本人にとって有償の仕事をすることが他者とつながるために、世界となじむために最も簡単な方法なのだ。

「仕事からの解放」をめざすのか、仕事観や仕事を取り巻く社会制度を見直すことで「人間的な仕事への解放」をめざすのかである。

ほとんどの人が仕事から解放されるような世界がもしも実現したとしたら、今の世界とはまったく異なったものになるのは確かだ。しかし、それが今よりもよりよい世界になるのかどうかというと大いに疑問だ。「仕事からの解放」によって自由になった人たちは自発性と創造性を取り戻し、これまでより有意義な時間を過ごすようになるだろうか？ そうはいかないだろう。大多数の人は「阿片窟のようなアパートの狭い一室に閉じこめられ、3Dゴーグルを頭につけ、ゲームやポルノやボットだらけのSNSに浸りながら、ただ時間を潰して過ごしている」（舟木亨『現代思想講義』ちくま新書）ことになりはしないか。

仕事というのは、生存に必要な物質を獲得するだけのものではなく、自分の人生や世界をどう意味付けするかにとって不可欠な要素である。何の責任もない、気ままな生活に人間は耐えられない。めざすべき方向性は「人間的な仕事への解放」である。一所懸命に自分の仕事に取り組みながらも、自分以外のみんなの仕事についてあれこれ考えてみよう。

- どうすればみんなが気持ちよく働けるようになるのか？
- どうすればブラックな企業やブラックバイトを減らすことができるのか？
- 15％程度いるとされる不本意非正規労働者（正社員として働きたいのにそういう機会がなくて非正規雇用で働いている人）はどうすれば正規労働者へとシフトしていけるのか？
- 一握りの資本家や投資家が世界の大半の富を握るというゆがんだ金融資本主義をどう是正していくか？　国際ＮＧＯ「オックスファム」は２０１９年1月15日、世界で最も裕福な8人が保有する資産（４・26兆ドル≒４６８兆円）は、世界の人口のうち経済的に恵まれない下から半分にあたる約36億人が保有する資産とほぼ同じだったとする報告書を発表している。

・平社員と経営者の年収差は何倍ぐらいが適当なのか？ 10倍？ 100倍？ 1000倍？
・人間が生きていくうえで絶対的に必要な仕事（農業や介護）では十分に食べていけず、なくても困らない仕事（一部の金融業）はたんまりお金を儲けられる社会システムはおかしくないか？
・市場経済において十分な貨幣的評価を受けにくい仕事（農業、介護や育児、環境事業、自然再生）をどういう公的仕組みで支えていくのか？

働く意味や生きる意味、どのような社会を作っていくかという方向性――こういった判断には何をよいと考えるか、何を正しいと見なすか、何を美しいと思うかという価値の問題が関わってくる。「なんか変だ？」と思う時に出て来る答えが「それがグローバル・スタンダードなんだよ」という物言いである。しかし、もともとグローバル・スタンダードなんてものはないのであって、それで得する誰かが勝手にそう言っているだけのことだ。アメリカ流の価値であるグローバル・スタンダードは日本の価値観や道徳観とは必ずしも合致しない。それぞれの国に堆積されてきた価値観、道徳観、常識を頼りにしながら日本流の働き方を作っていけばよいのではないか。

№088

仕事が楽しみなら、人生は極楽だ！
仕事が義務なら、人生は地獄だ！

作家　ゴーリキー
『どん底』（岩波文庫）

№089

ローマ人の言葉では
「生きる」ということと
「人びとの間にある」(inter homines esse)ということ、
あるいは「死ぬ」ということと
「人びとの間にあることを止める」(inter homines esse desinere)
ということは同義語として用いられた。

哲学者 ハンナ・アーレント
『人間の条件』(ちくま学芸文庫)

№090-096

日本人の生き方と日本型雇用システム

13

№090

やりたいことをダイレクトにやってゆく。それが人間として普通じゃないかと、僕は思う。日本人の最大公約数は、会社に勤めながら生活していて、（そういう）世の中一般から見ると、（私が）変わったことやっていると見えるのかも知れない。でも、嫌いなことを一生懸命やるなら変わっているけれど、好きなことをやっているのが、なぜ変わっているのか、と思うけどね。

冒険家　堀江謙一

「堀江謙一物語 ひとり、海へ」（朝日新聞 2005年9月16日）

やりたいことを一生懸命にやる

堀江謙一は、1962年に6メートル足らずのヨット〈マーメード〉号で太平洋を単独横断した冒険家である。その後、74年に西回り世界一周、75年に40日間で太平洋横断、82年に地球縦回り6万km走破、85年にソーラーボートによる単独太平洋横断、89年に逆コースによる単独太平洋横断など数々の偉業を達成している。

堀江は多くの人から「どうして冒険なんてするのですか?」という質問を受けるという。堀江はいつも「やりたいからやっているんだよ」と本音を吐く。堀江が言いたいことは次のようにまとめられる。

もしも私が嫌いなことを一生懸命やっているのなら〝変わり者〟と言われてもしかたがない。しかし、私は好きなことを一生懸命やっているのであって、それでなぜ〝変わり者〟と言われるのかが分からない。それはきっと日本人の最大公約数が、取り立てて好きでもないことを一生懸命やっているからではないか。「やりたいこと」よりも、むしろ「やらなければいけないこと」に縛られているのではないか。私から見ると、日本人の最大公約数のほうが〝変わり者〟に思えるよ。

日本人は〝変わり者〟というレッテルをはられるのを好まない。それは、他人と違っていることはよいことではなく、悪いことだと、なんとなく思っているからである。

日本語の「違う」にはふたつの意味がある。ひとつは、ほかの物や事と一致しないという意味。「意見が違う」というように使う。もうひとつは、間違っているという意味。「道が違う」というように使う。

「間違っていることは悪い」とはいえるが、「違っていることは悪い」とはいえないはずだ。にもかかわらず、「違う」という言葉のふたつの意味を混同してしまって、「他の人と違っていることは悪いことだ」と考えがちである。

№091

生きるためには、食べなければならない、食べるためには、
稼がなければならない、そのためには、仕事をしなければならない、
この「しなければならない」の繰り返しが、
大人の言うところの「生活」だ。しなければならなくてする生活、
生きなければならなくて生きる人生なんかが、
どうして楽しいものであるだろう。

哲学者・文筆家
池田晶子

『14歳からの哲学』（トランスビュー）

「しなければならない志向」と「したい志向」

生きることは権利であっても決して義務ではない。「生きなければいけない」なんて法律はどこにもないし、誰も人に生きることを強制してはいない。生きるのも自由、死ぬのも自由――それでも人は現に生きているのだから、その人は結局、生きることを選んでいることになる。自分で選んで、自分が生きたくて、人は生きている。まずはそれを認めよう。これが池田の論だ。

生きなければいけない、そのためには食べなければいけない、そのためには働かなければいけない――こういう「……しなければいけない」志向に囚われて生きていても楽しくない。生きたい、食べたい、働きたい――こういう「……したい」志向を持って生きるほうが健全であり、自分の内側から力が湧いてくる。「生きたい、働きたい」ならば、「どう生きたいのか、どう働きたいのか」を考えなければいけない。

なかには「死にたくはない。だから生きたい。だけど働きたくはない」という人ももちろん一定数はいるだろうが、ほとんどの人はただ「この会社で働きたくない、この仕事をしたくはない」

だけではないか。

ちょっと考えてみよう。何年か前に私はこの会社、この仕事を自分の意志で選んだ——これはどこまで正しいのか？　必ずしも正しいとはいえないと思う。自分の行為を決定するのは、自分の意志の他に、両親・先生・友人の影響、慣習や常識、しがらみ、無意識など、いろんな要素からなっているからだ。つまり、自分の意志というものが一元的に自分の行為を決定していると考えるのは正しくない。

「したい」や「したくない」は自分の意志に対応し、「しなければならない」は「両親・先生・友人の影響、慣習や常識、しがらみ、無意識」などに対応する。一般的に子どもから大人へと脱皮していくにつれて自分の行為を自分で意志決定できる割合は増加していく。年をとるにつれて知識や技術が増えていくし、「自分とはどういう人間か」についての理解も増していくはずだ。また、常識を疑う眼も持てるようになる。さらに、周りの人を言い負かしたり、上手に説得したり、折り合いをつけていく術も身につけているはずだ。

こういう前提を押さえたうえで、あなたがもしも「この会社で働きたくない、この仕事をしたくはない」のであれば「じゃあ、どういう会社で働きたいのか、どういう仕事をしたいのか」を考えてみよう。

ただし、ひとりで考えるのには限界がある。もちろん「自分で自分に問いかけ、自分が答えを出していく」という作業を繰り返していくことで、自分が持っている根源的な欲求や不安にたどりつき、自分の状況が整理され、次の一手が見えてくることだってある。しかし、問いかけのバリエーションや質は自分のレベルを超えることはできないので、自分の置かれている状況や「自分は具体的にどう動けばいいのか」は見えてこない。そうやって時間だけが過ぎていくことがおおよそのパターンである。本を読んだり、インターネットで調べたりするほか、信頼の置ける先輩やキャリアカウンセラーやキャリアコンサルタントなどの専門家に相談してみるといい。

№092

大人になるということは、かつて無力な子供だったことをしつこく忘れず、
いつかパワーアップして十万馬力の子供になってやる！
と決心することと同じです。そして、不完全だった子供が
完全な子供になった時、それを大人になったと言い、
不完全な子供が中途半端な大人になって平然としている時、
それを、人は「年をとった」と呼ぶのです。

作家
橋本治

『若者たちよ！』（小学館）

「大人になる」ってどういうこと？

私たち大人は時に、子どもの無邪気さや純真さをうらやましく思うことがある。なぜかと考えてみると、子どもの行動基準――「ねばならない」はさておいて「こうしたい」という基準で行動する姿勢に憧れるからである。しかしながら、「こうしたい」という子どもの気持ちがいつも大人に受け容れられるわけではない。むしろ、親や教師から強要される「ねばならない」に従うしかない場合の方が多い。そういう意味で子どもは無力である故にまだ不自由である。

不自由な子どもから自由な大人に脱皮するには、知識や技術、知恵、したたかさといったさまざまな力を獲得しなければならない。これは、世間や社会の強要する「ねばならない」をはねつけて、自分の「こうしたい」という気持ちを掲げ、他人を説得したり、世の中と妥協したりしながらも、自分のしたいことを推し進められる力である。勉強するのは「生き方を選ぶ自由」を獲得するためである。

№093

いいかい、
優しいだけじゃ人は救えないんだ!!!
人の命を救いたきゃ
それなりの知識と医術を身につけな!!!
腕がなけりゃ誰一人救えないんだよ!!!!

漫画『ONE PIECE』Dr.くれは
（尾田栄一郎、ジャンプコミックス）

№094

一体、日本人は生きるということを知っているだろうか。

小学校の門をくぐってからというものは、一生懸命にこの学校時代を駆け抜けようとする。その先には生活があると思うのである。

学校というものを離れて職業にありつくと、その職業を成し遂げてしまおうとする。その先には生活があると思うのである。

そして、その先には生活はないのである。

現在は過去と未来との間に画した一線である。

その線の上に生活がなくては、生活はどこにもないのである。

作家
森鷗外

『青年』(岩波文庫)

前のめりの生活

竹に節目があるように、人生にも節目がある。小学校から中学へ、中学から高校へ、高校から大学（専門学校）へ、大学（専門学校）から会社へ、会社を定年退職してフリーの身に……。

ここで注意したいのは、節目と節目の間隔（時間）は均等ではないということ。群を抜いて長いのが、会社に入ってから定年退職するまでの時間である。私は24歳のときにこの事実に気がついて「次の節目までがものすごく長い！」ということに愕然とした。

私も普通の日本人と同様、中学生のときは高校生活を、高校生のときは大学生活を、大学生のときは社会人生活を夢見ながら駆けていた。たとえ、その時々の生活に楽しさや充実感を覚えなくても「高校にさえ入れば……」「大学にさえ入れば……」「社会人にさえなれば……」というように「次の生活での楽しさや充実感」を夢見ながら生きていた。

しかし、社会人になるとこれまでのようにはいかなかった。次の節目までの時間が40年強もあるのだ。もしも自分が今、62歳であるならば、65歳からの生活を夢見ながら仕事をこなすことはできる。3年間ぐらいはなんとか我慢できる。だが、20代のうちに、定年後の生活を夢見ながら仕事をするなんてことはできない。

今の生活がまったく楽しくないし、充実感のかけらもないとすれば、「現在の生活」が「次の生活」のための手段になっている可能性が大きい。もちろん「現在の生活」は「次の生活」につながっているわけだから、局所的には前者が後者の手段のようになっていることはあるだろう。しかし、生活のすべてにおいてそうであるなら、現在の生活のあり方を見直していく必要がある。

もしも「現在の生活」が「次の生活」のための手段にすぎないのなら、「現在の生活」を充実させることに気が向かないのは当然である。「現在の生活」は絶えず「次の生活」を充実させるための手段になる。そして、手段にすぎない「現在の生活」はできるだけ効率的に進めればいいわけで、結果として脇目もふらず「現在の生活」を駆け抜けようとすることになる。人間の生涯には究極の目的というのがあるわけでもなく、最後にあるのは突然の死だけであるから、こういう前のめりの生活は耐えがたいものになる。そこでは、人生の全体が死以外の目的のない手段と化して、意味のない苦痛の連続にしか見えない。

№095

欧米社会では、企業の中の労働をその種類ごとに職務（ジョブ）として切り出し、その各職務を遂行する技能（スキル）のある労働者をはめ込みます。（中略）これに対して日本社会では、企業とはそこに人をはめ込むべき職務の束ではなく、社員（会社のメンバー）と呼ばれる人の束だと考えられています。

労働研究者

濱口桂一郎

『働く女子の運命』（文春新書）

メンバーシップ型とジョブ型

濱口は欧米における労働社会のあり方を《ジョブ型》、日本におけるそれを《メンバーシップ型》と呼ぶ。この二つの概念によって私たち日本人の働き方（＝働かされ方）がよく見えてくる。

濱口の解説をまとめてみる。欧米では社員を募集するとき、旋盤操作のできる人、経理事務のできる人、法務のできる人というように情報を流し、特定の職務の欠員を募集するという形で新入社員を組織に招き入れる。職に就くのであるから、言葉の正確な意味で就職することになる。スキルを持っていることが採用の前提なので、そのジョブを遂行するのに必要なスキルに対応する賃金が初めから支払われる。

これに対して日本では、新しく組織に入ってくる社員は、欧米とは違って特定の職務を遂行するために採用されるのではない。さまざまな職務を企業の命令に従って遂行することを前提に、たとえ入社段階でその職務ができなくても将来においてさまざまな職務をこなしていけそうな人を、新卒一括採用で「入社」させる。欧米のような「就職」ではなくて、実際には「就社」なのだ。したがって、多くの場合どんな職務をやらされるかは、入社後の配属命令を受けるまで分からない。会社は社員に長期雇用を保障し、その見返りに社員は企業の言うがままに転勤や配置転換を受け入れる。そういうトレードオフ関係が成り立っている。

こう書きながら思い出した。1986年12月のこと、会社を辞めようと決意したとき、15歳年上の課長からこう言われた。

「戸田！　日本の会社というのはなあ、いったんそこの社員になれば定年までとことん面倒を見てくれる。不祥事さえ起こさず、まじめに働けばな。だけどな、会社を辞めた奴、いったんレールから外れた奴には冷たいぞ」

もちろん課長は私に先輩としてアドバイスをくれたのだった。しかし、私には脅しの言葉に聞こえた。確かに日本の社会では「どういう仕事をしているか」ではなく「どこの会社に属しているのか」で人は判断される。「レールから外れていく人間に世間は冷たいのか」と私は震え上がった記憶がある。いずれにせよ、この課長の言葉は極めて日本的であり、《メンバーシップ型》の労働社会であるがゆえに出て来る言葉であろう。

二人に一人が転職する時代に突入した。新卒の学生ですら、60%近くがセカンドキャリアを意識して就職活動をする時代だ。会社に入ってすぐに「転職サイト」にエントリーする若者も多い。かつての「転職市場」では「35歳の壁」（35歳を過ぎると転職が難しくなる）ということが言われていた。しかし、そういう壁はかなり薄くなっており、最近は40代から50代の転職者が増えているという。

そんななか《メンバーシップ型》の労働社会がこれまでと同じように続いていくことには無理がある。しかし、すぐに日本の制度を《ジョブ型》にすればよいのかというと、話はそう単純ではないようだ。《ジョブ型社会》は若年層の失業を呼ぶし、高校や大学の教育制度との連続性も関係してくるので、すぐには変えることはできないという。

世の中の仕組みを変えるのは簡単ではないし、変わっていくにしても長い時間を必要とする。**取りあえず私たち一人ひとりにできることは、「自分がどういう仕組みの中で働いているのか」を知っておくことだ。**

№096

お客様も働く人も人間です。

弁護士・人権活動家

川人博

過労死から自分の身を守る

川人博は過酷な労働による過労死や過労自殺による問題について30年以上も取り組んでいる弁護士である。ここで紹介した名言は「電通過労死事件から考える〜人間らしく働くために」と題した講演会（2017年5月27日、「暮らしと法律を結ぶホウネット」主催）に参加したときにメモした言葉である。

この名言の対になるのは三波春夫の「お客様は神様です」というフレーズである。実は三波春夫の真意は「お客様がいちばんエライ」ということではなくて、「歌というものは神様に捧げるものであり、神前で歌うがごとく気持ちで皆様の前でも歌います」という意味だという。三波春夫に罪はないのだが、この言葉がいつのまにか一人歩きをして「神様と等しいお客様の言うことはどんなことでも聞かなければいけない」というように意味が変わってしまった。お客に対する過剰サービスによって業務の範囲や量がどんどん拡大してしまう事例、「クライエントファースト」という掛け声のもとでクライエントの要望であればどんな納期設定にも応じなければいけないという事例などは「お客様は神様です」がねじ曲げられ暴走した典型的なケースである。

働く人が自分の身を守るためには、自分の働く会社を客観的に見る目を養うことである。3つの点を指摘しておきたい。

①**会社は無理をしていないか？**

経営計画や営業目標（ノルマ）に無理があれば、そのしわ寄せは末端の働く人に及ぶのが常である。若い人が長時間労働を強いられ、精神疾患や過労死に至るという最悪の事態に陥ることもある。「戦争というのは年寄りが考え、おっさんが命令し、若者が死ぬ」なんてことが言われる。これと状況は似ていて、無理な計画を年寄りが考え、中間管理職が命令し、若者が死んでしまう――そんな羽目にならないように注意したい。

②**会社は不正に手を染めていないか？**

無理な計画が「長時間労働や過労死」とつながっているだけでなく、業務不正とつながっているケースが多い。無理な計画は無理であるがゆえに達成できないことが多く、不正経理や不正請求でつじつまを合わせるしかないという顛末になる。

③ **会社に遵法精神や倫理観が欠如していないか？**

長時間労働や過労死で問題になった、ある企業では、接待で使う飲食店への無断キャンセルが日常化していたという話を聞いたことがある。働く人の人権や人格を尊重する気がないのだから、社外で働く人への対応と社内で働く人への対応は相通ずるのである。

名言に戻る。私たち一人ひとりは労働者（生産者）でもあり、同時に消費者でもある。クレーマーとブラック企業はコインの表と裏であると言われる。よい消費者になることが、長時間労働を強いられたり、うつ病になったり、過労死したりする労働者を生まないことにつながっている。「消費者は神様で労働者は奴隷」ではない。「消費者も労働者も人間」である。ディーセント・ワーク（働きがいのある人間らしい仕事）は消費者が支えていることも忘れないようにしたい。

№097-102

私たちはどんな時代に生きているのか？

14

№097

生きるために働く必要がなくなったとき、
人は人生の目的を真剣に考えなければならなくなる。

経済学者
ケインズ

豊かな時代の「人生の目的」

これは1930年にケインズが「100年後の予言」をテーマにした講演会で語った名言である。貧しい時代から豊かな時代になり、生きるために働く必要が薄れてくると、人はそれまで考える必要のなかったこと、すなわち「人生の目的」なんてことを考えなければならなくなる。

人類はその誕生以来、常に飢えと闘ってきた。ついこの間まで、餓死しないために働くこと、お腹いっぱい食べるために働くこと、つまり物質的に豊かになることのために必死で働いてきた。科学技術の発展によって餓死する可能性が限りなく小さくなったとき、お腹いっぱいご飯が食べられるようになったとき、つまり一定の物質的豊かさを達成した人類は「物質的に豊かになる」という目的とは別の目的を考える必要に迫られた。

こんなたとえ話はどうだろう。現役時代はがむしゃらに働いてきた。もちろん人生の目的なんてしち面倒臭いことを考える必要はないし、そんな余裕もなかった。生活のために家族のために必死で働いた。月日はめぐり定年を迎える。「後は年金でなんとか食べていける」。思わず顔がほころぶ。しかしながらハタと考える。「自分はこれから何を目的に生きていけばいいのだろうか」

内閣府の「国民生活に関する世論調査」によれば、1970年代半ば以降、日本人の価値観は、「物の豊かさ」（物質主義的価値観）から「心の豊かさ」（脱物質主義的価値観）へとシフトしていった。

この世論調査では、「物質的にある程度豊かになったので、これからは心の豊かさやゆとりのある生活をすることに重きをおきたい」（＝心の豊かさ）か、それとも「まだまだ物質的な面で生活を豊かにすることに重きをおきたい」（＝物の豊かさ）かについて聞いている。

当初は「物の豊かさ」を重視する人が「心の豊かさ」を重視する人よりもやや多かったが、次第にその差が縮まっていき、1976年に初めて「心の豊かさ」（41・3％）が「物の豊かさ」（40・7％）を追い抜いた。

その後、数年間は拮抗した状態が続いたが、1980年以降は「心の豊かさ」を重視する人は増え続け、逆に「物の豊かさ」を重視する人は減っていき、年を経るごとに両者の差は開いていった。最新の調査結果（2018年）では、「心の豊かさ」が61・4％であるのに対して「物の豊かさ」が30・2％という結果になっている。

№098

たいへんな時代が始まったんではないよ。
らくちんな時代が終わっただけさ。

コメディアン
グルーチョ・マルクス

『働くひとのためのキャリア・デザイン』（金井壽宏、PHP新書）

「らくちんな時代」と「たいへんな時代」

前述したように、日本は1970年代に貧しい時代から豊かな時代への転換に成功した。その後、石油危機に端を発した低成長時代を乗り切った日本社会は70年代から90年代に至るまで、非常に安定した社会システムだと国際社会から高い評価を受けてきた。

学歴や職業によって違いはあれど、総じて男性の人生行路は確固たるものだった。学校から会社への移行はスムーズであり、失業率も低く、定年までの雇用はほぼ保障されてきた。女性の人生も安定した形があった。ほとんどの女性は性別役割分業型（夫は稼ぐ、妻は子どもや老人のケアをする）のもとで「会社員→結婚と出産→パートタイマー」という典型的なコースを歩んだ。

しかし、1990年代半ばから現在に至るまでの間に様々な変化が生じた。非正規雇用の拡大、失業率の高まり、転職の増加、大学進学率の上昇、新卒者の就職難、初婚年齢の上昇、専業主婦の縮小、少子高齢化の急速な進行、所得の低下と所得格差の拡大などである。

日本社会のこれまでを振り返って見ると、貧しい社会から豊かな社会への変化（1970年代）、安定した社会から不安的な社会への変化（1990年代）という2つの大きな変化があったことが分かる。この2つの変化を合わせて見ると、次のようにまとめられる。

ずっとらくちんな時代があって、その後にたいへんな時代が来たのではない。ずっとたいへんな時代があって、次に束の間のらくちんな時代があって、その後に昔とは様相の異なるたいへんな時代を迎えたのだ。私たちは今、豊かではあるけれど、たいへんな時代に生きている。1990年以降、標準的な人生モデルが崩れ、それは多様化していった。この変化は、安定で平等なシステムから不安定で格差を含んだシステムへの移行ということでもある。一部のエリート層はともかくとして、普通の日本人にとってはたいへんな時代になったのだ。

№099

いい大学に行って、いい会社や官庁に入ればそれで安心、という時代が終わろうとしています。それでも、多くの学校の先生や親は、「勉強していい学校に行き、いい会社に入りなさい」と言うと思います。勉強していい学校に行き、いい会社に入っても安心なんかできないのに、どうして多くの教師や親がそういうことを言うのでしょうか。それは、多くの教師や親が、どう生きればいいのかを知らないからです。勉強していい学校に行き、いい会社に入るという生き方がすべてだったので、そのほかの生き方がわからないのです。

小説家 村上龍

『13歳のハローワーク』（幻冬舎）

標準モデルの縮小、周辺の拡大

よい高校に入る↓よい大学に入る↓よい会社に入る↓その会社で真面目にこつこつ働く――この流れに乗ることが最も安心できる人生につながる。そういう固定観念をつい先頃まで多くの人が持っていた。もちろん、よい学校に入ってそこでよい教育を受けることはその後の人生にとってよいことだと私は思う。

しかしながら、「よい会社に入る↓その会社で真面目にこつこつ働く」という論理はもう通用しないだろう。この場合のよい会社とは「世間で名の通った大きな会社」という意味である。そういうよい会社に入って、そこで真面目にこつこつ働いたとしても昔のように定年まで安心して働き続けられる保障はもはやない。

私の場合も、北海道大学を卒業後、世間的に見ればよい会社（一部上場の非鉄金属メーカー）に入った。私は入社して3年で退職してしまったが、そのまま会社に残った人たちはのんきにサラリーマン生活を謳歌しているわけでもない。

2000年頃（私が40歳くらいの頃）、元同僚と飲む機会があった。当時は、まだ長期不況のまっただ中で、その会社の株価も低迷していた。一緒に働いていた人たちの近況を聞いて驚いたのは、定年を待たずに50代前半で退職する人が少なからずいたことだった。辞めざるを得ないような道に追いこまれていったらしい。数ある事業部の中で最も歴史のある事業部だったから、さもありなんと思った。「45歳を過ぎて会社にいるのはけっこう辛いぞ。いつ会社を辞めてもらってもけっこうです、っていう雰囲気だからね」という言葉が耳に残った。

50歳くらいになると人生の先が見えてくる。友人や知人の動向を見るにつけても、50歳前後で多くの人たちが非常に不本意な状態に追いこまれている。会社が倒産したり、事業部の消滅によってまったく畑の違う職場に放りこまれたり、「M&A」や「企業合併」でラインから外されたり、社内政治に負けて冷や飯を食わされたり、年下の部下のもとでしぶしぶ働いたり、まさに人生いろいろだ。

今さら言うまでもないことだが、世間で名の通った大きな会社に入って真面目にこつこつと働けば一生安泰というのは過去の話だ。

かつては定年退職するときにこんな挨拶状を出したものだ。

「入社以来40年余りの永きにわたり、技術畑一筋に大過なく職務を全うできましたことは、ひとえに皆様方のお蔭と深く感謝致しております」

「入社以来40年」「一筋」「大過なく」という言葉が示すような職業人生は、もはや遠くなりにけりである。

№100

これまでのような「成長・拡大」の時代とは、
実は市場化・産業化（工業化）・金融化といった「一つのベクトル」に
人々が拘束・支配され、その枠組みの中で物を考え行動することを
余儀なくされていた時代と言えるのではないだろうか。だとすると、
私たちがこれから迎えつつある市場経済の定常化の時代とは、
そうした「一つの大きなベクトル」や〝義務としての経済成長〟から
人々が解放され、真の意味での各人の「創造性」が発揮され
開花していく社会としてとらえられるのではないだろうか。

京都大学こころの未来研究センター教授
広井良典
『創造的福祉社会』（ちくま新書）

成長か定常か？　画一的か創造的か？

「限りない経済成長」を追求する時代は終焉を迎えつつある。そうした現状を踏まえ、環境・福祉・経済を統合した「定常型社会＝持続可能な福祉社会」を提唱する広井は、人間の歴史を「成長・拡大」と「定常化」という視点で眺め返し、そこに①人類誕生から狩猟採集時代まで、②約1万年前の農耕の成立以降、③約200年前以降の産業化（工業化）の時代、という3つの大きなサイクルを見いだしている。

これらは「人口の増加→人口の定常化」のサイクルとおおむね重なると広井は言う。ここ数百年続いた資本主義システムや産業化社会がある種の飽和ないし生産過剰に陥っていることを考えると、私たちが直面しているのは、第三期の定常期への移行という構造変化である。

広井がここで注目するのは第一の定常期と第二の定常期に大きな「文化的な創造」が起きたという点である。

第一の定常期には心のビッグバン（意識のビッグバン）が起きた。遺跡等の発掘調査で装飾品、絵画や彫刻などの芸術作品が今から約5万年前の時期に一気に現れたのだ。

第二の定常期には精神革命が起きた。紀元前5世紀前後の時代に「普遍的な原理」を志向する思想が地球上の各地で〝同時多発的〟に生まれた。インドでの仏教、ギリシャ哲学、中国での儒教や老荘思想、中東での旧約聖書思想であり、それらは、特定のコミュニティを超えた「人間」という観念を初めてもつと同時に、何らかの意味で「欲望の内的な規制」を説いた点で共通していた。

成長・拡大の時代から定常化（＝脱成長、脱拡大）の時代へシフトするという話を聞くと、「変化のない、退屈な社会が来る」というように思うかもしれない。しかし、「第一の定常期と第二の定常期において何が起きたのか」という歴史的事実が示しているように、定常期とはむしろ文化的創造の時代なのである。以上が広井の論である。

成長期は活力があって面白い時代、定常期は活力がなくて面白くない時代だというのは必ずしも正しくない。成長期は「市場化・産業化（工業化）・金融化」といった「一つのベクトル」に人々が拘束・支配され、その枠組みの中で物を考え行動することを余儀なくされていた不自由な時代ともいえる。この間の人類は快楽や豊かさをひたすら追い求める「成長教」の信者であり、活力とはいってもそれは量的な意味での画一的な活力に過ぎないのだ。

これに対して、定常期の活力は質的な意味での多様な活力を持ち得る可能性を秘めている。先が見えない時代というのは逆にいうと創造性の発揮しやすい時代ともいえる。

何が大切なことかが分からない

古代ローマを舞台にした漫画『テルマエ・ロマエ』で一世を風靡したヤマザキマリ。彼女は17歳でイタリアに留学し、その後、イタリアのほかキューバ、シリア、ポルトガル、アメリカなど世界各国で暮らした経験を持っている。

イタリアを離れ、キューバのさとうきび畑でボランティアをすることになった彼女は、十五人家族の貧しい家庭でホームステイをすることになる。「当時のキューバはジリ貧状態」で「劇的に貧しかった」。しかし、計画停電でまっくらな夜に「月明かりの下で歌い、踊っている」姿を見て考えさせられる。「お金のある、なしなんて関係なく、何が大切かを、どうすれば幸せを感じることができるのかを、ちゃんと彼らが分かっている」姿にショックを受けたのだ。

№101

生きることは、自分が本当に大切だと思うことを
大切だと言い続けるための闘いなのだと思います。

漫画家
ヤマザキマリ
『仕事にしばられない生き方』(小学館新書)

私は、お金がないほうが幸せだなんてことは言わない。お金は幸せの一要素であることは間違いない。しかし、人間がどういうときに幸せを感じるかを考えてみれば、幸せの根源にお金があるわけではないことが分かる。キューバの人はお金では買えない幸せを知っていた。豊かになっていくと幸せはお金で買えるものだと勘違いしてしまい、お金で買えない幸せを忘れてしまう。

知性が問われている。教養と言い換えてもいいだろう。

鷲田清一は教養がある人の条件として「絶対になくしてはならないものと、あればいいけどなくてもいいものと、端的になくていいもの、そして絶対にあってはならないもの。世界を前にしてこの四つを大きく見分けられる」ことと、「これ以上進めば取り返しのつかないことになるという臨界点の感覚を備えていること」（『パラレルな知性』晶文社）をあげている。

№102

人は生まれる世界も時代も選ぶことは出来ない。
しかし、どう生きるかを決めることは出来る。

「ファイナルファンタジー零式」（ゲームソフト）
※パッケージの裏に記載されている文章

№103-111

ポスト近代の仕事論

15

№103

「手応え」とか「真剣さ」は、仕事にだけでなく、
遊びにも同じように要求される。それを欠いた遊びは退屈である。
だから、仕事と遊びは内容的に区別されるものではなく、
時間的にたがいに分離されるべきものでもない。

哲学者
鷲田清一

『だれのための仕事』（講談社学芸文庫）

仕事の中に遊びと学びを

大学を卒業して会社に勤めるようになって1年ぐらいが経過したとき、仕事がつまらなくてつまらなくて、どうしようもない状況に追いこまれた。ある日、会社の近くの居酒屋で「仕事が面白くないんですけど……」と先輩に愚痴をこぼした。すると先輩はこう言った。「仕事なんて面白いはずがないだろ！　面白くないからお金がもらえるんだ！」

私は納得できなかった。だから、なんだかんだと食い下がった。面倒くさくなった先輩は「分かった、分かった。こうしよう。仕事は面白いと思いこめ。深く考えるな」と言い放った。「マインドコントロールか！」とつっこみを入れたくなった。私の場合、つまらない仕事を面白いと思いこむことはできなかった。面白い仕事がしたいと心から思った。

「仕事は面白くない、遊びは面白い」という常識は正しいのか？　私は正しくないと思う。というのも、いつどんなときでも遊びが面白いわけでもないからだ。逆に、いつでもどんなときでも仕事が面白くないわけでもなくて「仕事が面白くない」と感じるときもあれば、「仕事が面白い」

と感じるときもあるではないか。結論としては、面白い・面白くないは、仕事だから、遊びだからとは関係ない。真剣に取り組んで、手応えを感じることができれば、仕事だろうが遊びだろうが面白いのだ。

私たちはどういう態度で仕事に向き合うべきか。**「これは仕事、これは遊び」という枠組みから自由になろう。**遊びに限らず勉強についても同じことが言えるので「これは仕事、これは遊び、これは勉強」という枠組みからも自由になろう。私たちは「仕事は遊びでもある」「仕事は勉強でもある」と考えたほうが仕事を楽しむことができる。仕事の中に遊び心と勉強する心（学び心）を常に持ち続け、仕事と遊びと勉強の境界線を曖昧にすることが大切だ。

№104

これからの働き方は人生三毛作となり、
二足のわらじが必要となる。

経営者
梅澤高明

「〈経営者インタビュー〉人生三毛作・二足のわらじを生きる 前編」『nomad journal』
https://nomad-journal.jp/archives/1352

「二足のわらじ」の時代

「人生一毛作＋一足のわらじ」から「人生多毛作＋二足のわらじ」への転換が時代のトレンドになっている。「人生一毛作」から「人生多毛作」へと変わっていく最大の要因は、人間の寿命が長くなったのに対して、企業の寿命が短くなり、転職することが当たり前になったからである。こうなると、いかにスムーズに転職していくかが問われてくる。一つの選択肢が「二足のわらじ」をはくような働き方である。

山田秀夫は「二足のわらじ」を伏業、副業、幅業、複業の4つに分類している（『マルチプル・ワーカー「複業」の時代』三笠書房）。概略は次の通り。

---

①**伏業**……会社に伏せて（＝内緒で）内職やアルバイトをする。

②**副業**……コンビニや外食産業の店員、宅配ドライバー、警備員などのアルバイトをする。「主ではなく補佐」という意味で副業と呼ばれる。

③**幅業**……NPO・ボランティア活動に関わる。会社で培った知識や技術を活かしなが

ら、人間としての幅を広げるという意味で「幅業」と名づけられている。

④**複業**……複数の異なる仕事を持つ。「副業」が本業の収入を補うためにする仕事であるのに対し、「複業」は、本業と主従関係のないものを指す。

私の場合、伏業の経験はないが、副業、幅業、複業はすべて経験している。35歳までは、非鉄金属メーカー、コミュニティビジネス組織、出版社や編集プロダクションで週に5日間あるいは6日間みっちり働くという専業スタイルだった。しかし35歳のとき、なし崩し的に「二足のわらじ」生活に突入した。それ以降、単行本を書く仕事を「一足目のわらじ」としながら、「副業」（＋アルバイト）、「幅業」（＋NPO活動）、「複業」（＋キャリアカウンセラーや大学教員）という形で今日まで生きてきた。

今後、フリーランスだけではなく、会社員であっても「幅業」と「複業」の可能性を追求していくような生き方が増えていくだろう。一つの会社に自分の全人生を預けないためである。これまで男性の場合は特に、一つの会社に収入、生きがい、人間関係などなど、すべてを依存してきた。これは非常にリスキーである。

「幅業」や「複業」のメリットをもう少し細かく見ていけば、人的ネットワークを広げられること、複数の才能を開花させられる可能性が高まること、自分の中に多様性を育てていけること、行き詰まったときにスムーズに転職できること、特定の価値観に染まらずに生きていけることなどがあげられるだろう。

また、フリーランスのような形で活動できるスタイルを模索していけば実質的に定年がなくなることも大きい。政府は70歳まで継続して働ける環境づくり——現在65歳までとなっている雇用継続義務の年齢を70歳まで引き上げようとする制度改正——に向けて検討を始めたという。多くの会社が抵抗するだろうし、そういう形になったとしてもしょせんは70歳まででしかない。政府や会社を当てにせず、自助努力で道を切り開いていくべきだ。

ポイントは、主に関わっている有償の仕事からいかにして距離をとるかである。仕事から逃走するという意味ではなくて、精神的に距離をとるという意味だ。有償の仕事以外に真剣に向き合える対象をいくつか持つことによって、会社から距離をとるのである。その対象は、複業や幅業、無償の仕事、遊びなど何でもいい。

№105

どんな仕事をするか？
という前に、生きてゆく場所を決めなさい。

働き方研究家
西村佳哲

『いま、地方で生きるということ』（ミシマ社）

仕事の前に生き方や場所ありき

西村のこの謎めいた言葉は、仕事観の変化を考える際に本質的なところをついている。

ポイントは、①会社に自分の人生を預けて会社に自分が生きていく場所を決めてもらうスタイルから、自分の生きていく場所を自分で決めるスタイルへの転換、そして、②仕事に生き方を合わせていくのではなくて、生き方に仕事を合わせていくスタイルへの転換である。

私たちの活動は大きく、有償の仕事、無償の仕事（家事、育児、介護、地域活動）、趣味（遊び）に分けることができる。海外の人の働き方を見ていると、家族と地域、趣味などのコミュニティを大事にしながら、有償の仕事に取り組み、そういう全体の中で自分の生きる場所を作りあげている。要するにバランスがとれているのだ。これからは、「自分はどんな人生を歩んでいきたいのか」をできる限りイメージしたうえで会社や仕事を選ぶ人が増えていくのではないか。

愛知県豊田市桑原町にトヨタケ工業という面白い会社がある。社員数は約１００人、自動車内装シートの裁断と縫製を生業としている。本社が位置する稲武地区は山間部にあり、少子高齢化が深刻な地域である。2016年に住民と元住民を対象にアンケートを実施したところ、住民の半分は「あと数年経って自分で車を運転できなくなると稲武には住めなくなる」と答え、元住民の7割は「戻ってくる気はない。稲武には魅力的な仕事がないから」と答えた。社長の横田幸史朗さん（43歳）は危機感を募らせた。「このまま放っておくと間もなく地域は崩壊する。地域が崩壊すれば会社を維持していくことも難しい」

横田さんは「稲武の魅力を伝え、地区外から若い人材を呼びこもう」と考えた。しかし、「自然豊かな稲武」というだけではパンチに欠ける。思いついたのが、稲武の資源である山と、横田さんが好きな自転車を組み合わせた「マウンテンバイク」である。そして、マウンテンバイク（MTB）ガイド事業を通じて、稲武地域の過疎化対策と雇用創出を目指す「INABU BASE PROJECT」を立ち上げた。

ここで問題はその事業を「誰が進めていくか」という点だ。もちろんボランティアでは進まない。誰かが仕事としてとり組むしかない。社員にやってもらうには新たな働き方の仕組みを作るしかない。ということで打ち出されたのが「三日二日」の就業スタイルである。具体的には「平日の週3日は会社で正社員として働き、土日はマウンテンバイクやトレッキングなどの山岳ツアーガイド業を副業としてこなし、残りの平日は休む」という働き方を世に問うことにした。

この働き方に興味を持った若者がいた。埼玉県の大学生で自転車部に所属する遠藤颯《はやて》さん（22歳）である。2018年の6月にはすでに地元のIT企業から内々定をもらっていた遠藤さんは「希望した職種、希望した勤務地であったもの、本当にこれでいいのだろうか」と不安と不満に囚われていたという。そんなときにふと思い出したのが、知り合いのツイッターで紹介されていたトヨタケ工業のプロジェクトだった。すぐに社長宛にメールで問い合わせをし、同社でのインターンシップと、「INABU BASE PROJECT」のイベントに参加することになった。これがきっかけとなり、遠藤さんは2019年4月から「三日二日」の就業スタイルで働き始めることになっている。

私たちはしばしば「安定をとるか、冒険をとるか」の二者択一で悩む。「三日二日」の働き方は二つがうまくバランスしている。有償の仕事と地域活動と遊びが分離することなく、混然一体となっているのも面白い。「三日二日」は一つの実験であり、挑戦である。今後、様々な試行錯誤をしながら、少しずつ少しずつ形を作りあげていき、一つのロールモデルになるのではないか。

政府が推進する「働き方改革」は言ってみれば「勤め方改革」である。「有償の仕事」+「無償の仕事」+遊びの中で「有償の仕事」に照準を合わせたものであり、公+共+私の中で私の領域に限定した改革である。今まさに必要なのは、そういう限定的な「勤め方改革」ではなくて、生き方全体を変えるような「働き方改革」である。会社で必死に働いて自分の生活を成り立たせるだけに汲汲とするのではなく私を越える領域（共や公）に目を向ける働き方、仕事と遊びを分離するのではなく二つが融合していくような働き方へのバージョンアップである。そういう意味で「INABU BASE PROJECT」は先進的だと思う。

№106

人間はどんなに恵まれた職場であれ、現状に100%満足している人は

おそらくどこにもいないでしょう。人間には向上心が備わっており、

どこかを変えたい、良くしたいという思いを持っている。

つまり、皆さんは周囲の世界を少しでも良くしたいという

「世界経営計画」を持っているのです。

世界のメインシステムを担っているのは神さまです。

神さまは、世界を思うがままに瞬時に変えることができるからです。

しかし、残念ながら神ならぬ身の人間にはそういうことはできません。

今の自分が置かれた環境、今のポジションでどこをどう変えれば

周囲の世界が多少なりとも良くなるのか、自分はその中で

どの部分を担うのがいいのかということを常に考えていく必要があります。

即ち人が生きること、働くこととは、

世界経営計画のサブシステムを担うということなのです。

実業家・立命館アジア太平洋大学学長

出口治明

「人は『見たいものしか見ない』習性を持つ動物」(『日経ビジネス』)
https://business.nikkei.com/atcl/report/15/280921/062300033/

「世界を良くしていく」という思い

「今の仕事に満足していない人は手を挙げてください」と聞けば、おそらく誰もが手を挙げるのではないか。「今の仕事」を「今の世の中」「今の世界」などと変えても同じであろう。

なぜ誰もが手を挙げるのか？　それは、すべての人が理想を持っており、その理想と現実のギャップを自覚できるからである。現状を理想に近づけようとする力こそが、向上心の正体だ。現状を理想に近づけるためにはみんなで力を合わせていくしかない。そういうときに**「自分はどういう役割を引き受けるのが一番いいのか」**を考えねばならない。

ここで求められるのが知性である。教養と言い換えてもいい。

阿部謹也は「自分が社会の中でどのような位置にあり、社会のためになにができるかを知っている状態、あるいはそれを知ろうと努力している状況」にある人が「教養」のある人だと言う（『「教養」とは何か』講談社現代新書）。自分はどういう役割を引き受けるのがよいのかを考えてみよう。

ただし、世の中を良くしたいというとき、「良くする」の内容を吟味する必要があるだろう。今の社会は人の快を増すことに躍起になっている。その背後には、快=良いこと、という思想が隠れている。しかし、快が増すことと、良いことが増すことは別の話だ。

№107

すべての人生のことは
「させられる」と思うから辛かったり惨めになるので、
「してみよう」と思うと何でも道楽になる。

作家
曽野綾子

受動的と能動的

同じ行為であっても、「させられてする」のか、「してみようでする」のかではその心持ちがまったく違う。「させられてする」のは、他者からの強制によって自分が動くことであり、それは自分が他者によって支配されていることだから、何とも言えない不自由さを感じる。一方の「してみようでする」のは、他者から強制されているわけではなくて、自分が自分を支配しているのだから、自由さを感じられる。要するに前者は受動的、後者は能動的とまとめられる。

しかし、ここで次のような疑問が湧いてくる。日々の生活の中で私たちは常に他者から刺激を受けながら生きているのだから、完全に能動的である状態は有り得ないのではないかという疑問である。その通りだ。会社で仕事をする状況ではなおさらである。組織においては、上意下達（上位にいる人間が下位にいる人間に命令や指示を伝えて、意思の疎通を図る方法）が当たり前だ。これは完全に自由な意志を行使するということはあり得ないということに通じる。

哲学者スピノザの思想を参考にしながら、能動的であるか、受動的であるかを二つの基準で整理してみよう。何らかの行為をするとき、

① その行為の原因（出発点やきっかけ）は誰かという基準
② その行為は誰の力をより多く表現しているかという基準

である。シンプルな例として、社長一人、従業員一人の会社で仕事をしている状況を考えてみる。

ケースA：従業員自らが自分でまったく新しい企画を考えて、社長にそれを示して了承を受けて、その企画を自分ひとりで進めるというようなケースである。この場合、原因は私であり、なされた仕事は社長ではなく私の力を主に表現しているので、極めて能動性が高い仕事である。

ケースB：社長からの指示を受けて、その仕事を自分が進めていくようなケースである。この場合、原因（出発点）は自分ではなくて上司であるという点で受動的ではあるが、その先の仕事のやり方で完全に受動的なのか、そうでもないかが分かれてくる。

上司からいわれたまま、まるでロボットのようにその仕事をするだけであればその行為の中に見つけられるのは上司の力だけであり、従業員の力は発見できない。①の基準でも受動的、②の基準でも受動的なのでほぼ完全に受動的な仕事である。

しかし、上司から受けた指示をもとに、自分なりの工夫を業務の中にプラスしていけばその仕事の中に上司の力だけではなくて自分の力を発見できる。別の言い方をすると、その頼まれ仕事は、単に上司の力を表現するだけでなく、自分の力をも表現することができたのだ。結果としてそこそこ能動性のある仕事をしたことになる。

能動性の高い仕事を増やしていくための実用的なアドバイスは次の通り。第一は自分が原因の仕事を増やしていくこと。難しい仕事は無理かもしれないが、整理・整頓・清掃のような簡単な仕事であればいくらでも自分発の仕事は見つけられるはずだ。

第二は他人発の仕事であっても、言われた通りにそのままやって終わりというのではなく、何らかの形で自分の力を表現できるような工夫はできないかを考えてみることだ。

この「能動的／受動的」という区分は、仕事だけでなく、家庭生活や遊びにも適用できる。自分の生活全体（仕事＋家庭生活＋遊び）を振り返ってみて、「能動的な時間」と「受動的な時間」に分けてみよう。

受動的な時間を減らして、能動的な時間を増やすための方法は二つである。単純に受動的な活動を止めてしまって、その分だけ能動的な活動に振り向けていくことだ。たとえば、受動的な遊びを能動的な遊びに振り替えていくことはこれに該当するだろう。しかし、仕事や家庭生活においては受動的な時間があったとしてもすぐにそれを止めるわけにはいかない。そういう場合は、その活動における受動の割合を減らし、能動の割合を増やしていこう。

受動的な時間を減らして、能動的な時間を増やすことは、面白くない時間を減らして、面白い時間を増やしていくことだ。不自由な時間を減らして、自由な時間を増やすことだ。豊かな社会においては、自由な時間がどれくらいあるかが、自由になるお金がどれくらいあるのかよりも重要になる。

№108

どんな職業も、自分が支配しているかぎりは愉快であり、
自分が服従しているかぎりは不愉快である。（中略）
自由にひとりでする狩猟は、激しい楽しみをあたえる。
狩猟家は自分で計画をたて、それに従うなり
変更するなりすればよくて、
他人に報告したり
弁解したりする必要がないからである。

哲学者 アラン
『幸福論』（集英社文庫）

№109

仕事というものの性質が正しく把握され、実行されるならば、仕事と人間の高尚な能力との関係は、食物と身体の関係と同じになるだろう。仕事は人間を向上させ、活力を与え、その最高の能力を引き出すように促す。仕事は人間の自由意志を正しい方向にむけ、人間の中に住む野獣を手なずけて、よい道を歩ませる。仕事は人間がその価値観を明らかにし、人格を向上するうえで最良の舞台になる。

哲学者 J・C・クマラッパ

『スモール イズ・ビューティフル 再論』(F・F シューマッハー、講談社学術文庫)

№110

私は（誰かに）応答している、ゆえに私は存在する。

哲学者
ハイネマン

『エコエティカ』（今道友信、講談社学術文庫）

義務感と責任感

哲学者デカルトの「我思う、ゆえに我あり」をもじって作られた言葉である。この名言の意味するところは「私は誰かに応じる責任を持っており、それが私の存在の証である」ということだ。どうして「応答」が「応じる責任」になるのか？　これは日本人には分かりづらい。というのも、英語で言うところの責任とは〈responsibility〉であり、これは〈respond〉できるということ、つまり他者からの求めや訴え、うながし、期待に応える用意があるということだ。この他者は欧米人にとっては神でもあり得るから、職業は使命や天職の意味をこめて〈calling〉と呼ばれたりする。

さて、責任は二つの種類に分けられる（『事典　哲学の木』講談社）。一つは、過去の行為を現行の規範によって評価し、その結果、所定の手続きに従って償うという責任である。過去志向的で受動的な責任であり、「責任をとらされる」や「責任をとらざるをえない」という表現から分かるとおり、日本人が使う義務と近い意味になる。

もう一つは、現に相対しているという事実をベースに、将来へと志向し、なすべきことにコミットしていくという責任である。未来志向的で能動的な責任であり、「自ら進んで引き受ける責任」と言い換えれば分かりやすい。

223ページで紹介した内閣府の調査に戻ると、「社会の一員として、務めを果たすために働く」と答えた人は14・4％にすぎない。私はこの「務め」という言葉にこだわりたい。この「務め」をどう解釈するかによって道は二つに分かれる。一つの道は仕事を「社会から強いられ、嫌々ながら背負わされる義務」と捉える筋、もう一つの道は「自ら進んで引き受ける責任」と捉える筋である。真っ先に言えるのは、「手に入るお金、発揮できる才能や能力、味わえる生きがい」の総量は後者の方が圧倒的に多いということだ。その他の点を比べてみよう。

前者の場合、何だか訳の分からない荷物を無理やり背負わされたわけだから、世界に背を向けており、自分と世界は切り離されている。仕事という〈隷属的な時間〉をひたすら堪え忍び、余暇という〈人間的な時間〉を待ち望むしかないので、休日や定年によって仕事から解放されることをひたすら待つことになる。仕事はお金を稼ぐための手段なのだから、もっと楽ができて割のいい仕事が見つかれば転職することになる。

後者の場合、世界と向き合い、世界を引き受けたわけだから、私と世界はつながっている。仕事をしている時間は〈隷属的な時間〉ではなくて〈人間的な時間〉である。単にお金を稼ぐためだけに働いているわけではなくて、充実した経験を味わうために働いている。

人間は動物のように「(ただ) 生きている」ことができない、やっかいな存在である。自分が今ここに生きていること、自分が今ここで働いていることの理由や意味を求めてしまうのが人間だ。有限で一回限りの人生全体に外側から理由や意味を設定するのは不可能であり、せいぜい私たちにできるのは、人生の内部における個々の活動や営みの中に理由や意味を見いだしていくことだけだ。

28ページで私は次の問いへの答えを留保した。「では『よく生きる』ことは働くこととどのように関係するのか？　働かなくてもよく生きることはできるのか？　やっぱり働かなくてはよく生きることはできないのか？」。私の考えを述べたい。

人間は本質的に社会的な存在である。よって、自分以外の他者とつながっていると感じながら生きていないと「存在の不安」に取り憑かれる。遊びや趣味では他者と十分につながることはできない。普通の人にとっては働くことが他者とつながるため、もう少し広げれば社会と交わるため、世界と向きあうためのいちばん容易な方法である。

では、どういう心持ちで仕事に臨んだらいいのだろうか。既に述べたように、**仕事を「嫌々引き受ける義務」ではなく、「自ら進んで引き受ける責任」だと考えよう。**なぜならば、強いられて何かをするのは奴隷的であり、誰に強いられることもなく自分で進んで何かをすることこそが人間的だからである。私たちは動物ではなく人間であり、ロボットではなく人間である。こういう前提に立ったうえで、できるだけ自分に適した仕事を選び、その仕事を通じて、〈自己実現の達成〉と〈普遍性の追求〉をめざすこと——そういう理路に沿って元気に働くことが「よく生きる」ためのコツではないか。「〈働く理由〉とは何か?」、つまり「なぜ働くのか?」の私の答えは「よく生きるため」である。

№111

人生が生きるに値するかどうかを示しうるような敏感な貸借対照表はない。おそらく、貸借の対照という見地からすれば、人生はまったく生きるに値しない。人生は必然的に死をもって終わりをつげる。われわれの希望のうちの多くのものが裏切られる。人生には苦痛と努力がともなう。すなわち貸借の対照という見地から見れば、ぜんぜん生れなかったか、幼時に死んだ方が、よほど意味があると思われる。一方、幸福な愛のひとときや、ある晴れた朝に息をすいこんだり、散歩したり、新鮮な空気をかいだりするよろこびが、人生に含まれるすべての苦痛や努力に値しないとは誰にもいえないだろう。人生は、かけがえのない贈物であり、挑戦であって、ほかのものでは計ることができない。しかも人生は「生きるに値する」かという質問にたいしては、わけのわかった解答はなにも与えられない。

社会心理学者　エーリッヒ・フロム
『正気の社会』（社会思想社）

・本書で紹介した言葉のうち、出典の明らかでないものは、新聞や雑誌、ｗｅｂ、テレビなどで紹介された言葉を再録したものです。引用部分において、旧字体や文語体を編集部にて修正したものがあります。

・本文中に紹介した本・雑誌・インターネット新聞記事などのほかに、以下の書籍と論文を参考にさせていただきました。

岩田靖夫『よく生きる』(ちくま新書)

竹田青嗣『人間的自由の条件』(講談社学術文庫)

石川輝吉『ニーチェはこう考えた』(ちくまプリマー新書)

猪木武徳『〈働く〉は、これから』(岩波書店)

今田高俊『意味の文明学序説――その先の近代』(東京大学出版会)

福田定良『仕事の哲学』(平凡社)

杉村芳美『「良い仕事」の思想』(中公新書)

ペーター・コスロフスキー『ポスト・モダンの文化』(ミネルヴァ書房)

國分功一郎『１００分 de 名著　スピノザ　エチカ』(ＮＨＫ出版)

小浜逸郎『人はなぜ死ななければならないのか』(洋泉社新書)

久木元真吾「〈やりたいこと〉という論理」『ソシオロジ』48巻2号

島崎隆「アドラー心理学の流行と現代」『季報　唯物論研究』１３７号

正木大貴「承認欲求についての心理学的考察」『現代社会研究科論集』12号

新！ 働く理由

発行日　　2019年3月15日　第1刷

Author　戸田智弘

Illustrator　寄藤文平
Book Designer　寄藤文平＋吉田考宏（文平銀座）

Publication　株式会社ディスカヴァー・トゥエンティワン
〒102-0093　東京都千代田区平河町2-16-1 平河町森タワー11F
TEL　03-3237-8321（代表）03-3237-8345（営業）／FAX　03-3237-8323
http://www.d21.co.jp

Publisher　干場弓子
Editor　千葉正幸　渡辺基志

Marketing Group
Staff　清水達也　小田孝文　井筒浩　千葉潤子　飯田智樹　佐藤昌幸
谷口奈緒美　古矢薫　蛯原昇　安永智洋　鍋田匠伴　榊原僚　佐竹祐哉
廣内悠理　梅本翔太　田中姫菜　橋本莉奈　川島理　庄司知世
谷中卓　小木曽礼丈　越野志絵良　佐々木玲奈　高橋雛乃

Productive Group
Staff　藤田浩芳　原典宏　林秀樹　三谷祐一　大山聡子　大竹朝子
堀部直人　林拓馬　松石悠　木下智尋

Digital Group
Staff　伊藤光太郎　西川なつか　伊東佑真　牧野類　倉田華
高良彰子　佐藤淳基　岡本典子　三輪真也　榎本貴子

Global & Public Relations Group
Staff　郭迪　田中亜紀　杉田彰子　奥田千晶　連苑如　施華琴

Operations & Management & Accounting Group
Staff　松原史与志　中澤泰宏　小関勝則　山中麻吏　小田木もも
池田望　福永友紀

Assistant Staff　俵敬子　町田加奈子　丸山香織　井澤徳子　藤井多穂子　藤井かおり
葛目美枝子　伊藤香　鈴木洋子　石橋佐知子　伊藤由美　畑野衣見
井上竜之介　斎藤悠人　宮崎陽子　並木楓　三角真穂

Proofreader　株式会社鷗来堂
DTP　小林祐司
Printing　株式会社厚徳社

ISBN978-4-7993-2443-1